Mark Stavish

Egregore

Mark Stavish

EGREGORE

Wie machtvolle Gedanken Menschen manipulieren

Vorwort von James Wasserman

Aus dem Englischen von
Astrid Ogbeiwi

Aquamarin Verlag

Impressum

Titel der amerikanischen Originalausgabe:
EGREGORES
published by Inner Traditions
One Park Street, Rochester, Vermont 05767

Dieses Werk wurde übermittelt durch
die Literarische Agentur Thomas Schlück GmbH, 30161 Hannover.

Deutsche Ausgabe:
1. Auflage 2020

Voglherd 1, D-85567 Grafing
www.aquamarin-verlag.de

Übersetzung aus dem Englischen: Astrid Ogbeiwi
Umschlaggestaltung: Annette Wagner

Druck: CPI • Birkach

ISBN 978-3-89427-882-3

Inhalt

Vorwort 9

Präambel 17

Einführung: Engel, Frauen und Krieg im Himmel 19

1. Tibetischer Buddhismus und der Egregor 31
2. Der Hermetic Order of the Golden Dawn und verwandte Egregore 51
3. Die Moderne und das Wiederaufleben des Okkultismus in Frankreich 63
4. Die Pop-Kultur und ihre Egregore 97
5. Der Lovecraft-Kreis 109
6. Der Egregor des Alten und Mystischen Ordens vom Rosenkreuz (AMORC) 127
7. Wie man sich vom Einfluss eines Egregors befreit 147

Schluss: Ideen und ihre Folgen 169

Anhang 1: Persönliche Berichte über die Lösung von einem Egregor 171

Anhang 2: Bericht über die Wiedererweckung eines Egregors 187

Literaturverzeichnis 191

Anmerkungen 197

Danksagung 205

Dieses Buch ist allen gewidmet, die sich auf den Pfad des
inneren Erwachens begeben. Die Reise beginnt mit einer
merkwürdigen Mischung aus Verwirrung und Optimismus und
endet, wenn alles gut geht, in Klarheit und Freude;
auch eine ordentliche Prise Humor wird nicht fehlen.
Möge dieses Buch Ihren Weg ebener und schneller machen.

Vorwort

von James Wasserman

Dieses Buch ist im Kanon der esoterischen Literatur wirklich hochwillkommen. Über das Phänomen des Egregors ist so wenig geschrieben worden, dass das Wort noch nicht einmal in der Korrekturfunktion gängiger Schreibprogramme hinterlegt ist.

Zu begreifen, was Egregore sind, ist allerdings ein entscheidender Abschnitt auf dem Weg zur spirituellen Befreiung, wie Mark Stavish betont. Ich glaube, dass Egregore positiv *und* negativ sind. Sie können beflügeln oder unterjochen. In jedem Fall müssen sie als das erkannt werden, was sie sind, damit sie entweder als Quell von Inspiration und Kreativität gefördert oder im Streben nach psychischer Freiheit bekämpft werden können.

Ein Egregor kann etwas so Einfaches und Geläufiges sein wie die Sinnbilder des (amerikanischen) Patriotismus, etwa der Soldat in Uniform, das Singen der Nationalhymne vor einem Fußballspiel, politische Kundgebungen oder Reden vor einem Hintergrund aus Landesflaggen, der Nationalfriedhof Arlington, das Washington Monument, das Jefferson Memorial, das Weiße Haus oder das Kapitol. Für viele sind dies positive Bilder, ganz gleich ob, wie erwähnt, in der amerikanischen Kultur oder in Frankreich der Eiffelturm, in Großbritannien der Westminster Palace oder in Russland der farbenprächtige Kreml. Alle dienen dazu, die Bürgerinnen und Bürger in der Liebe zu ihrem Land, in gemeinsamer Verbundenheit und in der Bejahung ihrer gemeinsamen kulturellen Ideologie und Geschichte zu einen. Mit anderen Worten: Sie dienen der Einheit mit dem nationalen Egregor.

Auf der negativen Seite des patriotischen Egregors haben wir das Hakenkreuz der Nazis und die Kundgebungen vor einer begeisterten und hypnotisierten Volksmasse, die das irre Gerede eines Wahnsinnigen vorbehaltlos akzeptiert. Heute wird uns am Beispiel Nordkoreas oder des Irans vor Augen geführt, welche Gefahren eine Manipulation birgt, die sich gegen die Interessen der Bevölkerung und ganz sicher gegen die höheren Werte der politischen und spirituellen Freiheit richtet. Die Egregore, die von Tyrannen aufgebaut und unterhalten werden, verfügen über die mysteriöse Fähigkeit, Menschen zu faszinieren, ihre Mägen, die allein aufgrund der Verächtlichkeit ihrer politischen Führung hungrig bleiben, beinahe schon zu füllen, die fiebrigen Hirne einer suizidalen Meute von Märtyrern zu beeinflussen, während diese sich über die Klippe in den Tod stürzen wie die Schweine der Gadarener. Im Falle des Irans ist dies besonders beunruhigend, denn würden die Iraner ihren wahren historischen nationalen Egregor annehmen, könnten sie sich einer Kultur und einer Zivilisation rühmen, die so alt ist wie die Menschheit selbst und Größen wie Omar Chayyam und Schams-e-Tabrisi hervorgebracht hat. Sie könnten sich einer Geschichte rühmen, die für spirituelle Menschen überall auf der Welt als Zeugin für Eleganz und Vornehmheit steht.

Denken Sie auch an die Symbole kommerzieller Egregore, die das moderne Leben überfluten. Nehmen wir zum Beispiel Coca-Cola, womit man sich hinter der Illusion von Kultiviertheit und Erfrischung die Zähne ruinieren und Bauchspeck zulegen kann, während man zugleich munter die epidemische Verbreitung von Diabetes heraufbeschwört – und dies in praktisch jedem Land der Welt! Oder die Zigarettenmarke Marlboro, deren symbolhafter Cowboy so lange die raue, harte Männlichkeit amerikanischer Pioniere verkörperte, bis er den verheerenden Folgen von Lungenkrebs erlag. Weiter gibt es die goldenen Bögen von McDonald's, die mit Billigfleisch und Kampfpreisen, die allein durch mangelnden Nährwert aufgewogen werden, von Übergewicht und Krankheit künden. Oder wie wäre es mit dem strahlenden Lächeln Kaufsüchtiger, die, obwohl von ihren Schulden geradezu erdrückt, stolz ihre Visa- und Mastercards vorzeigen, bevor vier Wochen später die Karten unweigerlich auf den Tisch kommen und die Schulden peinlich beglichen werden müssen.

Kommunikations-Egregore werden mit Symbolen erschaffen wie dem Pfau mit Regenbogenrad (des amerikanischen Fernsehsenders NBC), der auf der Bühne der Fake News protzt und prangt, oder dem allwissenden Auge (CBS), dessen Wahrheitsgebot längst der Sirene der politischen Propaganda geopfert wurde. Ich bin alt genug, um mich noch daran zu erinnern, mit wie viel Abscheu man in Amerika der sowjetischen Parteizeitung *Prawda* begegnete. Zugleich bin ich jung genug, um bemerkt zu haben, wie sehr die Medien acht Jahre lang ein von ihnen favorisiertes Regime vergöttert und schamlos umschmeichelt haben und welchen Hass sie anschließend wutschnaubend über ein anderes ausschütten, das sie verachten. Das Mantra der *New York Times* – „All the News That's Fit to Print" (alle Nachrichten, die es wert sind, gedruckt zu werden) – ist eine Lüge mit dem Ziel der Anstiftung zu und Verbreitung von kranken Mythen und einer irrationalen Politik, durch die ein stolzes nationales Erbe unaufhaltsam auf die Gegenfahrbahn gesetzt werden soll, die in die Globalisierung und kulturelle Selbstzerstörung führt.

Religiöse Egregore, die über Jahrtausende aufgebaut wurden, vermögen immer noch überall auf der Welt Menschen zu indoktrinieren.

Was gibt dem Kreuz, dessen Lehre von der Erbsünde und Gehorsam gegenüber der kirchlichen Hierarchie so viele Menschen sehr unglücklich macht, seine Macht? Mondsichel und Stern sind Symbole einer Lehre, die – auf ihrer niedrigsten Ebene verstanden – aus einem Gruppengeist schöpft, zu dem auch Selbstmord, Mord, weibliche Genitalverstümmelung und die Bejahung eines Kollektivismus gehören, der von Körperpflege bis Frühstück alles diktiert. Der sechszackige Stern und die mit ihm verbundene Doktrin von Auserwähltheit und Opferdasein bei gleichzeitigem Festhalten am Status als Gottes besonderes Volk ist ein weiterer nicht tot zu kriegender Egregor, an dem durchaus Verbesserungen vorgenommen werden könnten.

Wenn Sie in letzter Zeit eine Nachrichtensendung eingeschaltet oder eine Website besucht haben, ist Ihnen zumeist wahrscheinlich eine Gruppe gewalttätiger, blindwütiger Menschen begegnet, die gegen den traditionellen, etablierten nationalen Egregor der Meinungsfreiheit gekämpft haben. Die Fähigkeit der Bürgerinnen und Bürger zur freien Beteiligung am sinnvollen politischen Diskurs wurde von Thomas Jefferson und den anderen Gründervätern besungen und damit ins Dasein gehoben, in der *Bill of Rights* als Erstes der dort aufgezählten amerikanischen Grundrechte verankert und in den 1960ern mit dem *Berkeley Free Speech Movement* in der Pop-Kultur aufs Neue entfacht. Ich stelle mir vor, wie sich der arme Mario Savio[*] angesichts der Eskapaden der Antifa und anderer im Grabe umdrehte, als Berkeley nun von linksgerichteten Zensur-Sturmtruppen und brutalen maskierten Straßengangs in einen Kriegsschauplatz verwandelt wurde. Die Polizei stand in passiver Akzeptanz untätig herum, ganz wie es die Feiglinge und politischen Querköpfe befohlen hatten, die ihre Gehaltsschecks unterzeichnen, und die Amerikaner mussten mitansehen, wie ein geachteter Egregor auf den Kopf gestellt wurde.

Außerdem gibt es die Kategorie der individuellen, personalisierten psychischen Egregore. Sowie man schlechte Gewohnheiten entwickelt und ihnen nachgibt, entstehen in der Aura Gedankenformen, die ein solches Verhalten unterstützen, auch wenn man sich damit selbst schadet oder den festen Vorsatz hat, sich zu bessern. Das einfachste Beispiel ist vielleicht die Bequemlichkeit, die einen vom Sport abhält! Wie oft werden nicht die glühendsten Absichten sich weiterzuentwickeln – sei es spirituell, körperlich oder psychisch – durch die Macht der Gewohnheit über den Haufen geworfen, durch den negativen Egregor, der dem Menschen Kraft entzieht, um seine selbstständige Existenz zu erhalten.

2001 habe ich in meinem Buch *The Templars and the Assassins* spirituelle Geheimgesellschaften beschrieben. Darin spreche ich auch von den unzähligen Mythen und Legenden über Weisheitslehrer, die der Menschheit die Gaben der Zivilisation und der spirituellen Lehren gebracht haben sollen. Ich schreibe, dass sie als Götter, Engel, Geister und sogar außerirdische Intelligenzen verstanden und beschrieben worden sind. Ich erwähne ihre Charakterisierung durch Eingeweihte der inneren Ebenen, die solche Wesen in der Literatur des westlichen Okkultismus häufig beschreiben.

Ich erläutere, wie die spirituellen Gesellschaften, die diese Wesen bejahen, sie sehen, und dass durch die gegenseitige Durchdringung der drei- und vierdimensionalen Welten zum Wohle beider ein positiver Austausch stattfinden kann.

Mitglieder esoterischer Geheimgesellschaften wähnen sich vielleicht im Kontakt mit höheren Intelligenzen, die die Gesellschaften über unsichtbare Kanäle leiten. Diese Intelligenzen werden oft so wahrgenommen, als hätten sie sich dem Dienst an der Geheimgesellschaft verpflichtet und gäben dazu ihre Weisheit an Kandidaten weiter, die sich psychisch auf die Ausstrahlung ihrer Energien eingestimmt haben. Die Gesellschaft wird dann von ihren Mitgliedern möglicherweise als dreidimensionale Manifestation für das evolutionäre Wirken des höheren Bewusstseins wahrgenommen.

Dabei handelt es sich um die lebendigen Egregore, die durch Gruppenrituale, gemeinsame Praktiken, hierarchische Lehren und die innere Doktrin einer solchen Gesellschaft geschaffen und aufrechterhalten werden. Mark Stavish beschreibt das Modell des *Antiquus Mysticus Ordo Rosae Crucis* (des *Alten Mystischen Ordens vom Rosenkreuz,* abgekürzt AMORC) näher. Meine eigenen Erfahrungen beziehen sich auf eine andere Gruppe, aber es bestehen bemerkenswerte Ähnlichkeiten.

Noch einmal, man muss sich bewusst machen, dass Egregore lebendige Wesen sind. Sie müssen gefüttert und gepflegt werden. Meiner Meinung nach kann ein spiritueller Austausch mit ihnen gesund sein, solange er rein und positiv bleibt. Sowohl der Kandidat als auch der Egregor müssen vor Verfälschungen durch die Gruppenleitung und vor der Tendenz vieler spiritueller Gesellschaften zu Nachlässigkeit, zum Verfall in eine Kultur der Faulheit und der Schlamperei, geschützt werden. Die Egregore, die eine solche Gesellschaft anzieht, sind ebenso fehlgeleitet wie ihre Mitglieder. Spirituelle Hygiene ist für die Mitglieder einer Gruppe ebenso wichtig wie für die Egregore, die sie zusammenhalten und mit Wissen versorgen.

Zu den interessantesten Abschnitten in Mark Stavishs Buch gehören seine Erläuterungen, wie man sich von der Macht der Egregore befreit, die man zunächst akzeptiert hat, im Interesse der Wahrheit und der Weiterentwicklung auf seinem persönlichen Weg später aber ablehnt. Wie ich in meinen Memoiren *In the Center of the Fire* näher ausführe, hatte ich zweimal mit diesen Schwierigkeiten zu kämpfen. Wenn man meine Wandlung vom Sozialismus zum Konstitutionellen Libertarismus mitzählt, waren es sogar dreimal.

Das Ringen um die Befreiung von den Egregoren, die man zunächst bereitwillig bejaht und dann hinter sich gelassen hat, kann ein Kampf auf Leben und Tod sein. Weniger dramatisch könnte man es vielleicht als den Konflikt zwischen Mut und Angst oder Integrität und Kleinbeigeben deuten. Die übersinnlichen und psychischen Ketten und Schlingen, die sich um die Anhänger verschiedener Glaubensstrukturen und –mechanismen legen, haben unglaubliche Kraft. Ich weiß nicht, ob es überhaupt möglich ist, diese Fehler zu vermeiden. Ich selbst habe in meinem Leben von dem Kampf um den Erhalt meiner geistigen Gesundheit während dieser Prüfungen, die in manchen Fällen Jahre gedauert haben, sehr profitiert. Solche Konflikte erzeugen Stärke, denn Muskeln entwickeln sich durch die Belastung unter Anstrengung.

Doch denken Sie immer daran, dass Muskelwachstum in Wirklichkeit ein Prozess ist, bei dem Muskeln zunächst reißen und dann repariert werden, was zu vermehrter Muskelmasse führt. Mit anderen Worten, es gibt Schmerz, Gefahr und Leiden – alles Elemente einer echten Einweihung. Diese Themen begleiten die Ablehnung von Egregoren, die den spirituellen Bedürfnissen des Einzelnen nicht mehr dienen, und das Entrinnen aus ihren Fängen. Spiritualität ist Individualisierung – Erkenntnis und Erschaffung des wahren Selbst, dies ist der Weg der Mysterien.

Die Wahrheit ist die Hüterin der Freiheit. Fürchte dich nicht. Wenn du den Mut und das Urteilsvermögen besitzt, den nächsten richtigen Schritt zu tun und in deinem Leben nach spiritueller Makellosigkeit zu streben, dann bin ich fest davon überzeugt, dass dir Erfolg beschieden sein wird. Schreite voran!

***

James Wasserman ist Autor mehrerer Bücher, darunter *The Templars and the Assasins*, *The Temple of Salomon*, *The Mystery Traditions* und *In the Center of Fire: A Memoir of the Occult 1966-1989*. Ins Deutsche übersetzt sind seine Werke *Die geheimen Freimaurersymbole Washingtons entschlüsselt* (aus dem Amerikanischen von B. Michael Abdressen, Lüchow 2010; engl.: *The Secrets of Masonic Washington*) sowie *Kunst und Symbolik im Okkultismus* (aus dem Amerikanischen von Gerda Bean, Müller und Kiepenheuer 1995; engl.: *Art and Symbols of the Occult*). Wasserman beschäftigt sich seit Langem mit dem Okkulten und ist seit 1976 Mitglied des *Ordo Templi Orientis*. Er lebt in New York City.

Präambel

Das Folgende ist dem *Corpus Hermecticum*, Traktat XVI, entnommen.

12. Erhalter und Ernährer jeder Gattung (von Lebewesen) ist die Sonne. Und wie der geistige Kosmos den sichtbaren umfasst, ihn erfüllt und ihm Umfang und Gewicht gibt durch die unterschiedlichen und vielgestaltigen Formen, so umfasst auch die Sonne alle Dinge im Kosmos, gibt allem, was entstanden ist, Umfang und Gewicht und schenkt ihm Kraft. Und wenn es stirbt und vergeht, nimmt sie es wieder auf.

13. Unter ihr fanden der Chor, besser die Chöre der Dämonen ihren Platz; denn es sind viele und verschiedenartige, aufgestellt unter den Stern-Bezirken, für jeden von ihnen die gleiche Anzahl. So verteilt, dienen sie jedem einzelnen der Sterne, sind ihrer Natur nach, das heißt in ihrem Wirken, gut oder böse. Das Wesen eines Dämons liegt nämlich in seinem Wirken; einige von ihnen sind aber auch gemischt: gut und böse.

14. Sie alle haben die Macht über die irdischen Angelegenheiten erhalten, zumal über die irdischen Wirrnisse, und sie verursachen ganz unterschiedliche Störungen, sowohl allgemein in den Städten und bei den Völkern als auch privat bei jedem Einzelnen. Denn sie formen unsere Seelen um und ermuntern sie in ihrem Sinne; dafür haben sie sich in unseren Nerven, in unserem Mark, unseren Venen und unseren Arterien und sogar in unserem Gehirn niedergelassen und durchdringen uns auch bis in unser innerstes Selbst.

19. *Durch sie schafft Gott alles aus sich selbst, und alles ist Teil Gottes. Wenn aber alles Teil Gottes ist, ist Gott also alles. Indem er nun alles schafft, schafft er sich selbst und dürfte niemals damit aufhören, weil es auch für ihn selbst kein Aufhören gibt. Und wie Gott kein Ende hat, hat auch sein Schaffen weder Anfang noch Ende.*[1] [Hervorhebung des Autors]

EINFÜHRUNG
Engel, Frauen und Krieg im Himmel

Den Göttern gefällt es nicht,
wenn eines ihrer Rinder frei sein sollte!
Indisches Sprichwort

Für Menschen, die sich rein akademisch mit Esoterik befassen, mag der Gedanke an *Egregore* wie ein kurioses Relikt aus früheren Zeiten wirken, wie ein Überbleibsel aus uralter Vergangenheit und daher von geringer praktischer Bedeutung. Für Menschen auf dem spirituellen Weg – auf jedem spirituellen Weg – ist es hingegen oft eine lebensverändernde Begegnung, wenn sie das Konzept der Egregore kennenlernen. Viele alte Vorstellungen – und Erfahrungen – werden ihnen plötzlich klar, und ein weites Feld an Fragen tut sich auf. Sie betrachten ihren Weg in einem neuen Licht und stellen fest, dass weite Bereiche ihrer Praxis, ganz gleich, ob sie sie als Teil einer Gruppe oder alleine ausgeübt haben, unter dem direkten oder indirekten Einfluss eines oder mehrerer übernatürlicher Wesen standen, von denen sie keine Ahnung hatten.

Für Menschen, die sich mit praktischem Okkultismus beschäftigen, das heißt, mit der Manipulation von Energien zu spirituellen oder materiellen Zwecken, sind Egregore häufig nichts Neues, *werden aber selten wirklich verstanden*, da ihnen zu häufig von vornherein der Status der Güte zuerkannt wird. Viele Gruppen sprechen in verschleiertem, aber überzeugtem und positivem Ton davon, dass ihre Leitung oder die Gruppe als Ganzes (und damit auch ihre Mitglieder) mit einem mächtigen Egregor, einem *inneren Kontakt*, verbunden sind, oder es wird eine ähnliche Wendung gebraucht. Wird die Verbindung zu diesen unsichtbaren Kräften nun im Lichte dieser Monografie und eher klassischer Vorstellungen im Zusammenhang mit Egregoren näher untersucht, können die Schülerinnen und Schüler sie neu bewerten und selbst entscheiden, ob diese Kontakte ihrem persönlichen Erwachen dienlich oder abträglich sind.

WAS IST EIN EGREGOR?

Das Wort *Egregor* kommt aus dem Griechischen und ist abgeleitet von *égrégoros*, was „wachsam" oder „Wächter" bedeutet. Der Begriff findet sich im Buch Henoch, wo er ein Engelwesen bezeichnet. Das Buch Henoch wird Noahs Großvater Henoch zugeschrieben, und obwohl es nicht kanonisch ist, hat es wegen eines Abschnitts, der unter der Bezeichnung „Buch der Wächter" bekannt ist, bei den großen jüdischen und christlichen Strömungen doch einiges an theologischem und historischem Interesse auf sich gezogen. Man nimmt an, dass dieser Teil um 300 v.u.Z. verfertigt worden ist. Die einzige vollständige Ausgabe ist in der südsemitischen Sprache *Ge'ez* verfasst, die um das Horn von Afrika gesprochen wurde. Die ursprüngliche Fassung könnte auf Hebräisch oder Aramäisch niedergeschrieben worden sein, doch in beiden Sprachen ist keine vollständige frühe Fassung erhalten. Hauptthematik dieses Buches – mit der sich viele Mystiker, Menschen, die sich mit Okkultismus beschäftigen, und sogar christliche Fundamentalisten befassen – sind zweihundert „gefallene" Engel, ihre Vermischung mit Menschenfrauen und die daraus folgende Entstehung einer Riesenart (Nephilim), deren Vernichtung während der Sintflut in der Genesis erwähnt wird, sowie ein bevorstehender apokalyptischer Kampf zwischen Gut und Böse. Im Buch Henoch werden die Nephilim unter anderem in folgendem Zusammenhang erwähnt:

> Sie wurden aber schwanger und gebaren 3000 Ellen lange Riesen, die den Erwerb der Menschen aufzehrten. Als aber die Menschen ihnen nichts mehr gewähren konnten, wandten sich die Riesen gegen sie und fraßen sie auf, und die Menschen begannen sich an den Vögeln, Tieren, Reptilien und Fischen zu versündigen, das Fleisch voneinander aufzufressen, und tranken das Blut.[2]

Sowie:

> Asasel lehrte die Menschen Schlachtmesser, Waffen, Schilde und Brustpanzerung verfertigen und zeigte ihnen die Metalle samt ihrer Bearbeitung und die Armspangen und Schmucksachen, den Gebrauch der Augenschminke und das Verschönern der Augenlider, die kostbarsten und erlesensten Steine und allerlei Färbemittel. So herrschte viel Gottlosigkeit, und sie trieben Unzucht, gerieten auf Abwege und alle ihre Pfade wurden verderbt. Semjasa lehrte die Beschwörungen und das Schneiden der Wurzeln, Armaros die Lösung der Beschwörungen. Baraael das Sternschauen, Kokabeel die Astrologie, Ezeqeel die Wolkenkunde, Arakiel die Zeichen der Erde, Samsaveel die Zeichen der Sonne, Seriel die Zeichen des Mondes.[3]

Die gebräuchlichste Definition stammt aus der englischen Wiktionary.org und lautet: Eine „*(okkulte)* autonome übernatürliche Wesenheit, die durch die Gedanken einer Gruppe erzeugt wird und diese beeinflusst". Es gibt allerdings noch eine zweite Definition, älter, treffender und vielleicht auch erschreckender. Ihr zufolge ist ein Egregor mehr als eine „autonome Wesenheit, die durch die Gedanken einer Gruppe erzeugt wird und diese beeinflusst", sondern auch der *Sitz oder Kanal einer konkreten übernatürlichen Intelligenz nichtmenschlicher Art, welche die unsichtbaren Dimensionen mit der materiellen Welt, in der wir leben, verbindet.* Tatsächlich ist dies der wahre Kraftquell der antiken Kulte und ihrer religiös-magischen Praktiken.

Mouni Sadhu, ein polnischer Okkultist aus der Linie der französisch-russischen Martinisten*, definiert einen Egregor in seinem (nicht ins Deutsche übersetzten) Grundlagenwerk *The Tarot* als „eine kollektive Entität wie etwa eine Nation, ein Staat, Religionen und Kulte sowie ihre Anhänger und sogar kleinere menschliche Organisationen. Der Aufbau eines Egregors ähnelt dem des Menschen. Er verfügt über einen physischen Körper (das heißt, kollektiv alle Körper derer, die zu dem betreffenden Egregor gehören) und auch über einen Astral- und Mentalkörper; der Egregor ist die Gesamtsumme aller dieser Elemente."[4]

Der einzige moderne Wissenschaftler und Experte für esoteri-

---

* Der Martinismus ist eine christliche mystische Bewegung, die auf die Lehren von Louis Claude de Saint-Martin (1743-1803) zurückgeht. Saint-Martin war Schüler des portugiesischen Theurgen Martinès de Pasqually (1727-1774), wurde aber später stark von den Schriften Jakob Böhmes beeinflusst und wandte sich von der Magie ab. Saint-Martins Schriften und Lehren haben verschiedene Strömungen in Frankreich, Deutschland und Russland beeinflusst. In der Blütezeit des modernen Okkultismus im Frankreich des 19. Jahrhunderts führte Gerard Encausse (1865-1916), besser bekannt als „Papus", viele dieser Strömungen im *Ordre Martiniste* zusammen. Der Martinisten-Orden und seine zahlreichen Richtungen haben in der europäischen und der amerikanischen Esoterik des 20. Jahrhunderts eine bedeutende Rolle gespielt.

sche Philosophie, der über die Bedeutung des Egregors geschrieben hat, ist meines Wissens Joscelyn Godwin von der Colgate University im US-Bundesstaat New York. In seinem Buch *The Golden Thread*[5] widmet er ihr ein Kapitel mit dem passenden Titel „Die Macht des Egregors".

Der Ursprung der Egregore ist laut Godwin zumindest im Westen auf die halbanimistischen Glaubensformen im antiken Griechenland und Rom sowie auf die engen Beziehungen zurückzuführen, die zwischen den antiken religiösen Praktiken und dem Alltagsleben sowie den außenpolitischen Entscheidungen bestanden. Dies ist wichtig, denn hier sehen wir, dass jeder Aspekt des Lebens eine heilige Komponente hat, und dass bei richtiger Ausübung aller persönlichen Pflichten die sichtbaren und die unsichtbaren Welten aus der Sicht der klassischen Religion (und damit der Politik) harmonisch zusammenwirken.

Die Beschäftigung mit diesen Beziehungen und ihrer Umsetzungsmethode wurde zum besonderen Aufgabenfeld der priesterlichen Klasse. Diese Rituale und die dazugehörenden Opfer galten als entscheidend für das Wohlergehen der Familie, der Gemeinde, der Stadt – ja sogar des Reiches (oder später der Nation). Innerhalb dieses größeren Kollektivs führten die Einzelnen ihr Leben, erfüllten ihre Pflichten und erfuhren ihr Schicksal nach dem Diktat der Götter. Die Arbeit der verschiedenen Kulte (in einer Welt, in der die durchschnittliche Lebenserwartung fünfunddreißig Jahre betrug) bestand in erster Linie darin, in einem Umfeld, in dem materieller Wohlstand und Gesundheit wesentlich waren und in dem es kaum medizinische Erkenntnisse für den Erhalt von Leib und Leben gab, die Gunst der Götter zu gewinnen. Verbunden mit der damals vorherrschenden Auffassung, dass wenig bis gar keine Hoffnung auf ein Leben nach dem Tod besteht – was, mit Ausnahme von Ägypten, in der antiken

Welt die gängige Auffassung war – kam es entscheidend darauf an, das Beste aus der Lebensspanne zu machen, die einem beschieden war.

Angesichts einer Beziehung zwischen dem Sichtbaren und dem Unsichtbaren, in der das Grab als das Ende des Menschen galt, brauchten die antiken Götter, so betont Godwin, denen die Kulte gewidmet waren und die Opfer dargebracht wurden, die menschliche Religion womöglich mehr als die Menschen.

> Es gibt eine okkulte Vorstellung vom „Egregor" – ein Begriff, der sich vom griechischen Wort für „Wächter" ableitet. Er bezeichnet eine immaterielle Wesenheit, die über eine bestimmte irdische Angelegenheit oder Gemeinschaft „wacht" beziehungsweise diese leitet. Das Entscheidende ist, dass ein Egregor durch menschlichen Glauben, Rituale und insbesondere Opfer gestärkt wird. Wird er durch solche Energien genügend genährt, kann der Egregor ein Eigenleben entwickeln und als selbstständige, persönliche Gottheit erscheinen, mit begrenzter Macht zugunsten seiner Anhänger und unbegrenztem Hunger nach weiterer Verehrung. Dann hält man ihn für einen unsterblichen Gott oder eine Göttin, einen Engel oder Dämon.[6]

Egregore wurden aufgebaut, um über Stadtstaaten, die Republik und sogar das gesamte Imperium zu wachen. Solange Opfergaben und Verehrung weitergingen, hielt man Wohlstand und Gesundheit der Stadt oder des Reiches für gesichert. *Wenn allerdings neue Kulte entstünden und die Energien der Anbetung anders ausgerichtet würden, wäre die Übereinkunft gebrochen, und der Egregor würde das Land und seine Menschen nicht mehr unterstützen.* Esoterisch kann man dies als den Grund für den Zusammenbruch des Römischen Reiches betrachten. Wenn die alten Götter und Göttinnen von den Menschen nicht mehr unterhalten wurden, konnten sie umgekehrt auch Rom oder seine Territorien nicht mehr unterstützen. Der spirituelle Untergang des Römischen Reiches kann also in der *natürlichen Toleranz des Polytheismus* gesehen werden, wie Godwin sich ausdrückt. Dadurch, dass neue religiöse Praktiken akzeptiert wurden, sofern sie die Autorität der Herrscher nicht untergruben, wurde den überlieferten Kulten und ihren entsprechenden Egregoren allmählich Energie entzogen. Aber damit nicht genug. Der eigentliche Todesstoß lag in der Natur dieser neuen Religionen. Diese Mysterienkulte aus Griechenland, Persien, Ägypten, Palästina und Syrien boten etwas, was die römische Religion nicht bieten konnte – die persönliche Erlösung oder vielmehr ein Weiterleben nach dem leiblichen Tod.

Wenn eine Stadt, eine Nation oder ein Reich Bestand haben soll, müssen ihre oder seine Anhänger diesen metaphysischen Prämissen zufolge bis zu einem gewissen Grad auf das Leben in der materiellen Welt fokussiert sein (dazu später mehr), sagt Godwin – und wir stimmen ihm zu. Wenden sie sich innerlich dem Jenseitigen zu, werden die Kulte um Familie und Staat, die Kulte des Blutes, geschwächt und sind für den Einzelnen nur noch Ausgangspunkt statt Selbstzweck. In Verbindung mit dem zeitlichen, intellektuellen und emotionalen Einsatz, den die Mysterienreligionen ihren Anhängern – den Eingeweihten des geheimen Weges – abverlangen, blieb für den klassischen Egregor kaum noch Energie übrig. Godwin sagt:

> Ich behaupte, Aufstieg und Fall von Nationen sind aufs Engste mit den Beziehungen zu ihren Göttern verflochten, und diese sind echte Wesenheiten, wenngleich nicht die ewigen allmächtigen Wesen, für die man sie hält. Diese Theorie wird wohl jedem erwägenswert scheinen, der einräumen kann, dass das Universum ein sehr merkwürdiger Ort und in ihm reichlich Platz ist

> für Wesen, die größer sind als der Mensch. Wenn es solche Wesen gibt, dann ist es nur klug, sie zur Kenntnis zu nehmen. In der Vergangenheit hat dies jede Kultur auf ihre Weise getan.[7]

In dem oben zitierten Abschnitt erkennen wir eine Haltung, die vielen bekannt ist und die dennoch häufig ignoriert wird – das berühmte Zitat aus der *Tabula Smaragdina*: „Siehe, das Oberste kommt vom Untersten, und das Unterste vom Obersten; ein Werk der Wunder von einem Einzigen."[8] Der Egregor existiert an beiden Enden des Spektrums und über seine gesamte Bandbreite hinweg: Von der dichten materiellen Welt bis zur feinstofflichen und unfassbaren Welt des Übernatürlichen.

Auch in der christlichen Heiligen Schrift hören wir, dass diese Vorstellung aufgegriffen wird, wenngleich sich die Experten, wie wir noch sehen werden, nicht einig sind, ob dies überhaupt einen Egregor im klassischen oder modernen Wortsinne darstellt (paraphrasiert nach Matthäus 18, 20): „Wo zwei oder drei in meinem Namen versammelt sind, da bin ich mitten unter ihnen."

DREI FRAGEN, MIT DENEN SICH DIESES BUCH BESCHÄFTIGT

Aus all dem oben Erwähnten erheben sich drei Fragen.

1. Welche Auswirkungen hat ein Egregor auf den Einzelnen, sein Schicksal und seinen freien Willen?
2. Wer oder was lenkt den kollektiven physischen Körper der Gruppe mit unsichtbaren Mitteln?
3. Wie und zu welchem Zweck wird diese Lenkung ausgeübt?

Diese Fragen werden wir auf den folgenden Seiten bis zu einem gewissen Grad beantworten. Außerdem werden wir den entscheidenden Prozess, mit dessen Hilfe man sich vom Einfluss von Egregoren befreien kann, und die Mittel betrachten, mit denen sie direkt zu vernichten sind, falls dies erforderlich wird.

Wir legen Ihnen dieses Wissen vor, damit Sie als Schülerin und Schüler auf dem esoterischen Weg eine bewusste und sachkundige Entscheidung treffen können, was Ihre Beteiligung an verschiedenen Egregoren anbelangt. Wenn Ihre Arbeit eher akademisch als praktisch ist, werden Sie sich zumindest bewusst, welch wichtige Rolle diese Idee gespielt hat und weiterhin spielt, nicht nur in esoterischen Gruppen, sondern auch bei bestimmten politischen und wirtschaftlichen Unterfangen sowie bei verschiedenen Formen der Unterhaltung, und wie leicht sie von den Massenmedien begünstigt wird.

Lassen wir uns zu diesem Zweck in freundschaftlicher Weise von den Worten des französischen Alchemisten Jean Dubuis leiten, der im 20. Jahrhundert gelebt hat. Der folgende Auszug ist den Anweisungen entnommen, die er für die „Philosophes de la Nature" schrieb, eine esoterische Schule, in der keine kollektiven Rituale abgehalten wurden, um die Entstehung von Egregoren zu begrenzen.

> Wir haben gewichtige Gründe, weshalb wir darauf bestehen, dass jede Schülerin und jeder Schüler daran arbeitet, in der physischen Welt die größtmögliche geistige Freiheit für sich zu erringen. Echte Einweihung ist eine völlige Befreiung. Wie kann dein Höheres Selbst dir helfen, dich zu befreien, wenn du dies in der Welt, zu der du bereits Zugang hast, nicht für dich selbst tust?

> Ein weiterer wichtiger Grund, warum wir auf diesem Punkt bestehen, ist das Thema Egregore. Was ist ein Egregor? Er ist die psychische und astrale Wesenheit einer Gruppe: Alle Mitglieder einer Gruppe, einer Familie, eines Vereins, einer politischen Partei, einer Religion oder sogar eines Landes, psychisch eingebunden in den Egregor der Organisation, der sie angehören. … Deshalb nimmt jeder, der an einer Gruppe beteiligt ist, in seiner Psyche die Einflüsse der Egregore, das heißt des astralen Gegenstücks der Gruppe, auf. Dieser Prozess verläuft unbewusst. Die daraus folgenden Nachteile sind erstens zumeist störende psychische Einflüsse und zweitens eine Einschränkung der inneren Freiheit. Von bestimmten Egregoren kann man sich nicht befreien. … Befreien sollten wir uns allerdings von allen Egregoren, die nicht unbedingt notwendig sind. … Seid vorsichtig … geistige Freiheit sollte uns nicht zu Aussteigern oder Sonderlingen machen. Sie sollte lediglich die Freiheit des inneren Weges eröffnen und zugleich unnötige Hindernisse ausräumen.[9]

In früheren Bänden der Monografien-Reihe des *Institute for Hermetic Studies* wurden Existenz und Beschaffenheit von Egregoren bereits angesprochen (*Studies in Poltergeists, Obsession and Possession*, Band 6) und erläutert, wie man seine Beziehung zu ihnen verändern kann (*Wisdom's Bliss and Khamaels Spear*, Band 7) sowie außerdem sogar die Existenz eines bedeutenden günstigen Egregors und seines wichtigsten Symbols (*Rosicrucianism for the New Millenium*, Band 9) anerkannt. Dieses Buch ist unseres Wissens jedoch bis heute die einzige Veröffentlichung, die sich ausschließlich mit Untersuchungen über die Existenz von Egregoren, unseren Beziehung zu ihnen und der Möglichkeit, diese zu verändern oder zu kappen sowie – falls nötig – mit Methoden zur Zerstörung eines Egregors befasst. Es ist unser aufrichtiger Wunsch, dass es Ihnen bei Ihrer Reise auf dem Weg der Rückkehr zur Quelle von Wert sein möge.

1

Tibetischer Buddhismus und der Egregor

Der Begriff *Egregor* kommt zwar ausschließlich in der westlichen esoterischen und okkulten Praxis vor, die Ideen, die er verkörpert, jedoch nicht. Sie sind sogar recht verbreitet, und in gewisser Weise bilden sie die Grundlage aller spirituellen und magischen Praktiken überall auf der Welt. Zu den mächtigsten religiösen Egregoren in der heutigen Welt zählen die des Islams und des Buddhismus; doch insbesondere der Tibetische Buddhismus hat uns die bedeutendsten Einblicke in diese uralte, bis weit ins 20. Jahrhundert hinein auf einer organisierten, nationalen Ebene ausgeübte Praxis gewährt.

In der Pop-Kultur tauchte der Tibetische Buddhismus erstmals Ende des 19. Jahrhunderts auf, als er in den Schriften der russischen, medial begabten Okkultistin und Autorin Helena Petrovna Blavatsky und der von ihr mitbegründeten Theosophischen Gesellschaft erwähnt wird. Angesichts der Mythisierung Tibets als Land von umfassender spiritueller Bildung – Heimat „aufgestiegener Meister" der „Großen Weißen Bruderschaft" – und der Verflechtung der Shambhala-Mythologie und ihrer Prophezeiungen mit den Vorstellungen von Agartha und Shangri-La in verschiedenen westlichen Schulen hatten tibetische Lamas nach der Flucht des Dalai Lama nach Indien 1959 bei ihrer Ankunft im Westen beste Voraussetzungen für den Aufstieg zu neuer Größe. Jetzt brauchte es nur noch eines, damit der sichere Übergang des Tibetischen Buddhismus zunächst an die Ränder, dann in die Mitte der westlichen Gesellschaft gewährleistet wäre, und dieses Eine kam in Gestalt von Alexandra David-Néel (1868-1969).

ALEXANDRA DAVID-NÉEL: BINDEGLIED ZWISCHEN OST UND WEST

Alexandra David-Néel, Linguistin, französische Orientalistin, praktizierende Buddhistin und profunde Kennerin der Religionsgeschichte, war zur Abenteurerin geboren. Ihr Vater war Hugenotte und Freimaurer, ihre Mutter war skandinavischer und sibirischer Abstammung mit Wurzeln im Katholizismus. Ihre Eltern lernten sich in Belgien kennen, wo sich ihr Vater, ein armer Lehrer und Herausgeber einer republikanischen Zeitschrift, im Exil befand. Bis zum Alter von achtzehn Jahren war Alexandra David in bescheidenem Rahmen auf eigene Kosten gereist und hatte sich mit verschiedenen Formen religiöser Askese beschäftigt, die sie den Heiligenbiographien in Büchern entnommen hatte, die sie in der Familienbibliothek fand. Wie viele andere ihrer Zeit fühlte sie sich zur Theosophischen Gesellschaft hingezogen, trat verschiedenen Geheimgesellschaften bei und erreichte sogar den 30. Grad der gemischten Freimaurerei.

Wie ihr Vater war sie einer anarchistischen, revolutionären und damit feministischen Politik zugeneigt. Allerdings vertrugen sich ihre Ansichten nicht mit denen ihren blaublütigen Gesinnungsgenossinnen, war ihr doch eine praktisch umsetzbare wirtschaftliche Gleichstellung wichtiger als das Wahlrecht. 1889, im Alter von einundzwanzig Jahren, konvertierte sie zum Buddhismus und nahm ihr Studium der Orientalistik auf. Sie lernte Englisch, Sanskrit und Tibetisch, um dann nach Asien aufzubrechen. Möglich wurde die Reise, weil sie einen Gesangswettbewerb gewonnen hatte, der sie für den Zeitraum von 1895-1897 zur Ersten Sopranistin des Opernhauses Hanoi in Indochina machte. Bis zu ihrer Heirat mit dem französischen Ingenieur Philippe Néel im Jahr 1904 erwiesen ihr das Singen und Komponieren beruflich wie persönlich gute Dienste.

Zum Zeitpunkt ihrer Eheschließung verfügte Alexandra David-Néel über ein kleines Vermögen. 1911 trat sie ihre dritte Indien-Reise an. Geplant war ein Aufenthalt von achtzehn Monaten, doch daraus wurden vierzehn Jahre. Während ihres Aufenthaltes in Sikkim lernte David-Néel den Dreizehnten Dalai Lama kennen, der sich damals dort im Exil befand. Sie erhielt eine umfassende Ausbildung, lebte als Einsiedlerin und wandte die fortgeschrittenen Techniken des *Tummo* oder den *Yoga des Inneren Feuers* an. Sie erlangte Berühmtheit und wurde auf ihren Reisen von vielen buddhistischen Würdenträgern empfangen. Mit der Zeit brachte ihr auch die Auslandspresse großes Interesse entgegen. Ihr Ruhm verbreitete sich, ihr Wunsch, den Buddhismus zu reformieren, hingegen nicht. Ihr erstes Buch, *Mein Weg durch Himmel und Hölle*, erschien 1927, und es folgten Einladungen zu Vorträgen und Lesungsreisen, die ihr Ansehen weiter mehrten. Zwei Jahre später, 1929, veröffentlichte sie ihr berühmtestes Buch, *Magier und Heilige in Tibet* (urspr. dt. Titel: *Heilige und Hexer: Glaube und Aberglaube im Lande des Lamaismus*). Jack Kerouac, Allen Ginsberg und Alan Watts, die Schriftsteller der Beat Generation, sollten durch ihre Lehren stark beeinflusst werden.

Durch die Schriften von Alexandra David-Néel gelangte die Idee des *Tulpa* – einer belebten Gedankenform, die eigenständige Existenz erlangt – ins Vokabular der westlichen Esoterik und schließlich auch der Pop-Kultur. Verwandt mit dem Begriff *Tulpa* ist eine in den Schulen des Tibetischen Buddhismus stärker verbreitete Vorstellung, die des *Tulku*. Sowohl der Tulpa als auch der Tulku hängen mit der Vorstellung zusammen, dass der Geist eine „Gedankenform" erzeugen kann, eine Idee, die zu einem bestimmten Zweck einen gewissen Grad an funktionaler Vitalität und Dauerhaftigkeit erlangen kann.

TULKU UND TULPA: DIE MACHT DES GEISTES IN AKTION

In *Magier und Heilige in Tibet* schreibt Alexandra David-Néel:

> Die Macht, Zauberformen hervorzubringen, Tulkus oder weniger dauerhafte und geringer materialisierte Tulpas, liegt aber nicht ausschließlich bei solchen mystisch erhöhten Wesen. Jedes menschliche, göttliche oder dämonische Wesen kann sie besitzen. Es gibt da nur einen Unterschied des Grades, und der hängt wiederum einzig und allein davon ab, ob man seinen Geist fest auf einen Punkt richten kann, und welche Eigenschaften dieser Geist besitzt.[10]

Der weitaus bedeutendste Beitrag in sämtlichen Schriften David-Néels ist wahrscheinlich die Idee, dass der Tulpa über die Fähigkeit verfügt, einen eigenen Geist zu entwickeln. Sie schreibt: „Hat der [Tulpa] einmal eine richtige Form angenommen, so neigt er, der tibetischen Geheimwissenschaft nach, zu dem Wunsch, die Vormundschaft des Magiers abzuschütteln. Dies, so sagen tibetische Okkultisten, geschieht nahezu mechanisch, gerade so wie das Kind, sobald sein Leib vollständig entwickelt ist und selbstständig leben kann, den Mutterleib verlässt."[11] David-Néel behauptete zwar, einen Tulpa nach Art eines lustig aussehenden mittelalterlichen Mönchs erschaffen zu haben, eine Schöpfung, die später ein Eigenleben entwickelte und zerstört werden musste, hielt es aber auch für möglich, dass ihre Erfahrung illusorisch war. Sie spricht davon, „dass ich freiwillig meine Sinne täuschen konnte“, wobei sie ebenfalls berichtet, auch andere hätten den visualisierten Mönch sehen können.[12]

In *Die Geheimlehren des tibetischen Buddhismus* geht David-Néel näher auf den Unterschied zwischen den Begriffen Tulpa und Tulku ein:

> Die Tibeter unterscheiden zwischen *Tulku(s)* und *Tulpa(s)*. … *Tulpa(s)* sind mehr oder weniger kurzlebige Geschöpfe, die ganz verschiedene Gestalten haben können: Menschen, Tiere, Bäume, Steine und so weiter, ganz nach dem Willen des Zauberers, der sie erschaffen hat. Und sie verhalten sich ganz ihrer Gestalt entsprechend. Diese *Tulpa(s)* leben zur selben Zeit wie ihr Erzeuger, und man kann sie gleichzeitig sehen. In einigen Fällen können sie ihn überleben oder sich zu seinen Lebzeiten von seiner Herrschaft befreien und eine gewisse Unabhängigkeit erlangen. Ein *Tulku* ist dagegen die Inkarnation einer dauerhaften Energie, die von einem ganz bestimmten Individuum mit dem Ziel gelenkt wird, eine genau festgelegte Aktivität nach seinem Tod fortzuführen. …
>
> Die tibetischen *Grubthob(s)* [Anmerkung von David-Néel: *Grubthob [dubtob]* bedeutet jemand, der „erfolgreich war“, der etwas „vollbracht“ hat. Das beinhaltet, dass er übernatürliche Kräfte entwickelt hat. Eine solche Person wird im Sanskrit *siddha* genannt.] gelten als Experten in der Kunst des Erschaffens von Tulpa(s) [Anmerkung von David-Néel: Dem Glauben an Tulpa(s) begegnet man überall in Tibet, und es gibt viele Geschichten über sie, von denen einige sehr tragisch sind. …], von imaginären Gestalten also, die sie wie Roboter nach Belieben kontrollieren können, die aber manchmal eine gewisse eigen-

> ständige Persönlichkeit entwickeln. Es heißt auch, dass sich die *Grubthob(s)* in tiefer Meditation mit einer undurchdringlichen okkulten Schutzzone umgeben, die ihnen vollständige Isolation gewährleistet. Diese Zone schließt manchmal ihre gesamte Einsiedelei mit ein, wenn sie das Leben eines Einsiedlers führen.
>
> Schüler, die mit dem Training gemäß der geheimen Lehren beginnen, müssen manchmal üben, mit ihrem Geist eine bestimmte Umgebung um sich herum aufzubauen, die sich von der sogenannten Wirklichkeit vollkommen unterscheidet. Sie sitzen beispielsweise in einem Zimmer und beschwören dann einen Wald herauf. … Solche Übungen dienen dazu, neue Schüler zu dem Verständnis zu führen, dass alle unsere Empfindungen und Wahrnehmungen nur oberflächlich sind … Die relative Welt steht der imaginären Welt, wie gesagt, sehr nahe, da sie auch von Irrtum und Illusion beherrscht wird. … Natürlich sind sich die meisten Menschen nicht bewusst, dass sie sich in einer Welt aus Trugbildern befinden.[13]

In ihrem Buch *Magier und Heilige in Tibet* berichtet David-Néel von einem Gespräch mit einem Lama über die Subjektivität von Gedankenformen. Als David-Néel die Auffassung vertritt, diejenigen, die bei bestimmten Riten zu Tode gekommen sind, seien nur aus Furcht verstorben, und ihre Visionen entsprängen lediglich ihrer Fantasie, erwiderte der Lama, dem gegenüber sie diese Gedanken äußerte:

> „Meinen Sie denn etwa auch, dass jemand, der nicht an Tiger glaubt, auch nicht von ihnen zerrissen werden könnte, wenn er sich ihnen auf Sprungweite näherte?"
>
> Und er fuhr fort: „Mit der Verkörperung der seelischen Vorstellungen ist es eine geheimnisvolle Sache, mag sie nun be-

wusst oder unbewusst vor sich gehen. Was wird aus diesen Gebilden? Wäre es nicht möglich, dass diese unsere Geisteskinder uns einmal geradeso entgleiten wie wir das zuweilen bei unseren leiblichen Kindern erleben müssen? Ob sie dann nicht ebenfalls plötzlich, oder auch nach und nach, ihr eigenes Dasein führen wollen?

Ferner, warum sollten nicht andere ebenso gut wie wir selbst derartige Gebilde hervorbringen können? Und angenommen, dass es überhaupt solche Tulpas (Zauberwesen) gibt, dann ist doch auch denkbar, dass wir mit ihnen in Berührung kommen, gleichviel ob es ihre anderweitigen Schöpfer so wollen oder ob wir selbst durch unsere Gedanken oder unsere Handlungen diesen Wesen erst die Möglichkeit geben, sich zu zeigen und zu betätigen.

Stellen Sie sich einmal zum Vergleich einen Fluss vor, und denken Sie sich in einiger Entfernung von seinem Ufer einen trockenen Landstrich, auf dem Sie wohnen. Fische werden da natürlich nie in Ihre Nähe kommen. Wenn Sie aber zwischen Fluss und Haus einen Verbindungskanal graben und an seinem Ende einen Teich anlegen, so werden die Fische zusammen mit dem einströmenden Wasser Ihnen so nahe kommen, dass Sie sie von Ihren Fenstern aus schwimmen sehen können.

Man muss sich wohl hüten, leichtsinnig 'Kanäle' zu eröffnen. Die meisten Menschen ahnen nicht, was alles in der Abgrundtiefe des Weltalls enthalten ist, die sie so unbesonnen anbohren."

Und leichteren Tones fuhr er fort: „Ob man selbst oder ob ein anderer der Vater der Tiger ist, man muss sich gegen sie zu verteidigen wissen."[14]

VIER ARTEN SPIRITUELLER PRAXIS

In *Der Weg zur Erleuchtung: Geheimlehren, Zeremonien und Riten in Tibet* geht David-Néel ausführlich auf die verschiedenen Rituale oder *dubthabs* ein. *Dubthab* ist das tibetische Wort für den Sanskrit-Begriff *Sadhana* und wird häufig mit (Meditations-) „Praxis" oder manchmal auch mit „Liturgie" übersetzt. Seine wörtliche Bedeutung lautet jedoch „Mittel zum Erfolg", wie David-Néel betont, oder „Mittel, um etwas zu erreichen". Welches sind diese Erfolge oder Errungenschaften? In der Praxis des tibetischen Vajrayana sind es vier an der Zahl.

Im Folgenden werden David-Néels Übersetzungen der Begriffe verwendet. Die Worte in eckigen Klammern am Ende sind nachträglich hinzugefügt worden und geben die geläufigere moderne Übersetzung wider.

1. Sanft oder friedlich (*schiwa*) für langes Leben, Gesundheit, Glück [beruhigend].
2. Zunehmend (*gyaispa*) zur Erlangung von Reichtum und Ruhm [mehrend].
3. Kraftvoll [*wangwa*), zur Erlangung von Einfluss und Macht [magnetisierend].
4. Schrecklich (*tagpo*, auch *dragpo*), zur Erlangung der Fähigkeit, mit okkulten Methoden in beliebiger Weise Böses zu tun, zu töten oder zu zerstören [zornig].

Wie erreicht man diese verschiedenen Ziele? Manche sagen, dass dies das Werk der Gottheiten ist, die denjenigen, die sie in der erforderlichen Weise verehren, ihre Hilfe gewähren. Andere wiederum behaupten, dass die *dubthabs* nicht die Anbetung, sondern die Unterwerfung der Gottheiten bezwecken sollen, und sie fügen hinzu, dass derjenige, der in diesem Ritual gut bewandert ist, die Götter und Dämonen zwingen kann, ihre Macht in seinen Dienst zu stellen und ihm in allem zu gehorchen.

Beide Meinungen sind in Tibet sehr verbreitet [in den 1920er und 1930er Jahren], aber intelligente Lamas sagen dazu, dass sie von Mangel an Verständnis für die Theorien zeugen, auf die die *dubthabs* aufgebaut sind.

Den Erklärungen zufolge, die man in alten Büchern findet und die von jetzt lebenden Meistern der Mystik mündlich gegeben werden, besteht die Prozedur des Ritus darin, dass man sich Götter vorstellt und mit diesen Vorstellungen im Verlauf komplizierter und sehr langer Riten sich selbst eine Art geistigen Film vorführt, bei dem diese Phantasiegötter allen möglichen Veränderungen unterworfen werden.

Natürlich stellt sich der *dubpapo* [Anmerkung von David-Néel: Derjenige, der den *dubthabs*-Ritus vollzieht] nicht irgendwelche Wesen vor, sondern stets wohlbekannte Götter- oder Dämonengestalten aus dem tibetischen Pantheon, die seit Jahrtausenden von Millionen von Gläubigen verehrt und beschworen werden.

Die tibetischen Okkultisten glauben, dass diese Wesen durch die zahllosen Gedanken, die schon auf sie gerichtet wurden, eine Art wirklicher Existenz erwarben. [Anmerkung von David-Néel: Die Tibeter betonen dies sehr stark. In *Mystiker und Magier in Tibet* habe ich verschiedentlich darauf hingewiesen. …]

Ähnlichen Theorien begegnet man in den heiligen Schriften Indiens. So heißt es in der *Brihadaranyaka-Upanishad*, die älter sein soll als der Buddhismus: „Derjenige, der eine Gottheit anbetet und dabei denkt, ‚ich bin ich selbst, sie aber ist etwas anderes', ist ein Unwissender. Die Götter bedienen sich seiner wie eines Tieres. So wie die Tiere die Menschen nähren, so nähren die Menschen die Götter. [Siehe *Brihadaranyaka-Upanishad* 1, 4, 10]

Wie ist aber dieses „Nähren" zu verstehen? In der Weise, dass die Menschen durch den Kult, den sie den Göttern weihen, deren subjektive Gestalten nähren, sagte mir ein indischer Asket.

Die intelligenten Lamas sind sich der Natur der von ihnen beschworenen Figuren klar bewusst, sie behaupten aber, dass man durch diesen mystischen „Sport" Resultate erzielen kann, die sonst unmöglich oder zumindest äußerst schwer erreichbar wären.

Diese bizarre Auffassung wird von den Tibetern folgendermaßen erklärt: … *Indem sich der* dubpapo *mit diesen Gottheiten identifiziert, tritt er mit einer Energieanhäufung in Kontakt, die viel stärker ist als jede andere, die er je allein hätte erzeugen können.* [Hervorhebung des Autors]

Die Berührung mit dieser mysteriösen Kraft kann für den Betreffenden von Nutzen sein … . Ist er aber ungeschickt – insbesondere was die *dubthabs* der „schrecklichen" Art anbelangt – so kann ihm seine Manipulation sehr schlecht bekommen, und es kann sogar geschehen, dass er von den mächtigen Wesen, die seine Gedankenkonzentration anzog, getötet wird.

Ich möchte hierzu nochmals betonen, dass nach Auffassung der tibetischen Mystiker Götter, Dämonen, Hölle und Paradies nur für denjenigen existieren, der an sie glaubt. Der von der Phantasie der Massen geschaffene und genährte Gott kann, obwohl er nun als verborgene Kraft existiert, nur über diejenigen Macht erlangen, die mit ihm in Verbindung treten. Ein verbindender Draht ist erforderlich, damit die in einem Akkumulator ruhende Elektrizität in einer Lampe Licht erzeugt. Dieser Vergleich illustriert sehr genau die eben erwähnte Theorie der Tibeter.

Die meisten dubpapos erfassen nicht den doppelten Ursprung der Gottheiten, die sie während der rituellen Zeremonien anbeten (dass nämlich diese Götter einerseits durch die Gedankenkonzentration der vielen Gläubigen erzeugt und andererseits von demjenigen, der einen Ritus vollzieht und wie ein Magnet die schon existierenden okkulten Kräfte anzieht, vorübergehend von Neuem geschaffen werden) … [Hervorhebung des Autors]

Denjenigen, die das subjektive Wesen der während der *dubthabs* angerufenen Gottheiten begriffen haben, raten die Meister, diese Gottheiten keineswegs als bedeutungslose Phantasiegestalten zu betrachten. Im *dubthabs* von Pal Khorlo heißt es, dass die vom menschlichen Geist erzeugten Gottheiten mit denjenigen identisch seien, die, wie man glaubt, die heiligen Stätten und Paradiese bewohnen. Der tibetische Text besagt, dass „sie als die doppelgesichtige Einheit betrachtet werden sollen, die sich als *Form* offenbart und deren Wesen das gestaltlose Leere ist".

Der *dubpapo* soll sich die verschiedenen Gottheiten auch innerhalb seines eigenen Körpers vorstellen und begreifen, dass sie alle in ihm selbst existieren. Um diesen Gedanken den *dubpapos* möglichst stark einzuprägen, werden die meisten *dubthabs*-Riten dadurch beendet, dass derjenige, der den Ritus vollzieht, die von seiner Vorstellung nach außen projizierten Wesen, Götter oder Dämonen wieder in seinen eigenen Körper zurücktreten und darin zerfließen lässt. …

Die Vollziehung des einfachsten *dubthabs*-Ritus dauert drei bis vier Stunden, wobei nicht vergessen werden darf, dass dieser Ritus mehrere Tage lang wiederholt werden muss. Was die großen *dubthabs* anbelangt, so muss man sich sorgfältig darauf vorbereiten und von einem dazu befähigten Lama in richtiger Weise eingeweiht worden sein. Man muss auch ganze Bände liturgischer Texte auswendig lernen und sehr genau die zeremoniellen Einzelheiten sowie die verschiedenen Arten des Meditierens kennen, die sich jeweils auf die entsprechenden Phasen des Ritus beziehen, und so weiter. Dieser Ritus muss so lange wiederholt werden, bis der *dubpapo* in seine verschiedenen – exoterischen, esoterischen und mystischen – Bedeutungen eingedrungen ist und außerdem Vorzeichen seines Erfolgs feststellen konnte.[15]

EIN MODERNES BEISPIEL FÜR DEN KRIEG DER EGREGORE

Ein Beispiel, welche Probleme sich mit der Erschaffung und Verehrung eines Wesens durch Rituale ergeben können, zeigt sich deutlich in der Politik des modernen Tibet. Zu den merkwürdigsten Problemen, vor denen der Dalai Lama selbst im Exil noch steht, gehört die Kontroverse um die Verehrung der beliebten Gelug*-Schutzgottheit Dorje Shugden. Im Wesentlichen entsteht dieses Problem durch die Aktivitäten von Geshe Kelsang Gyatso und seiner Bewegung, deren wichtigste Praxis die Verehrung von Dorje Shugden ist.

Als Hauptargument wird zwar die Religionsfreiheit oder die Freiheit der Verehrung Dorje Shugdens vorgebracht, doch die Folgen sind

* Zum Gebrauch von „Gelug" und „Gelugpa": Gelug ist die Schule, Gelugpa sind die Anhänger, AO.

erheblich größer. So schreibt Isabel Hilton in ihrem Buch *Die Suche nach dem Panchen Lama*: „[Dorje Shugden] stand in dem Ruf, seinen Anhängern zu ungeheurem Wohlstand verhelfen zu können, aber auch äußerst nachtragend und eifersüchtig zu sein. Einer der Lehrer des Dalai Lama hatte ihn ermutigt, Dorje Shugden zu verehren, doch aufgrund mehrerer Träume kam der Dalai Lama zu dem Schluss, dass die Gottheit schädlich ist. Er gab die Verehrung auf und verbot sie später in allen Einrichtungen, die mit seiner Person verbunden sind. Dies schloss auch alle Gelug-Klöster und natürlich die Exilregierung mit ein."[16]

Weiter schreibt Hilton: „Die Ursprünge des Disputs um Dorje Shugden liegen tief in der Politik der Gelug-Schule und in einer Kontroverse begraben, die zu kompliziert ist, um sie an dieser Stelle zu erörtern. Doch ihre Bedeutung betrifft das Sektenwesen im Tibetischen Buddhismus: Die Verteidiger des Dorje Shugden gelten als Gelug-Fundamentalisten, die die Verbindung des Dalai Lama zu anderen buddhistischen Sekten – die sich im Exil noch deutlich verstärkt hat – als Verrat am Gelug betrachten. Ihr Beharren auf der Verehrung der Gottheit ist ein Angriff auf die Autorität des Dalai Lama als wahre höchste Führungspersönlichkeit der Gelug-Schule."[17]

Dorje Shugden gehört, wie oben erwähnt, zu einer Klasse von Wesen, die als Schutzgottheiten gelten. Wen oder was beschützen sie? Den Tibetischen Buddhismus natürlich, genauer, die Gelug-Schule des Tibetischen Buddhismus. Für viele westliche Buddhismus-Schüler ist dies insofern umso schwieriger zu verstehen, als hier viele ausgeprägt sektiererische Kräfte am Werk sind. So gilt Dorje Shugden nicht nur als Beschützer des Gelug, sondern auch als Zerstörer „ketzerischer buddhistischer Sekten", wozu alle anderen Schulen des tibetischen und nicht-tibetischen Buddhismus zählen. Tatsächlich wurde behauptet, dies gelte für alle Praktiken, die nicht Gelug sind.

Wie ist Dorje Shugden demnach entstanden? Anscheinend war Shugden nur ein minderer Beschützer (ein *gylapo* – ein wütender oder rachsüchtiger Geist), bis er im 19. Jahrhundert zu einem Instrument zur Verfolgung der in dieser Zeit entstehenden nichtsektiererischen Bewegung wurde. Dem ist vorauszuschicken, dass die Gelugpa, also die Anhänger der Gelug-Schule, zugleich die wichtigste politische Kraft oder der stärkste Verwaltungszweig in Tibet waren. So waren seit der Einrichtung des Amtes das Dalai Lama durch die Mongolen im Jahr 1642 alle Dalai Lamas Gelugpa (oder mit dieser Schule verbunden). Daher betrachteten einige die Besatzung und Zerstörung Tibets durch die Chinesen als Strafe für eine nicht ausreichende Verehrung des Dorje Shugden – oder zumindest als deren Folge. Dazu gehören auch mögliche politische Intrigen um die Schule und den Hof, wo die Praktiken im Zusammenhang mit Dorje Shugden bis in die 1930er Jahre hinein stetig ausgebaut wurden.

In Dorje Shugden sehen wir eine Art Apotheose oder Vergöttlichung des Menschen – so heißt es oft, der Ursprung des wütenden Geistes sei ein verurteilter Gefangener gewesen – der dann dafür eingesetzt wird, die Sekte und ihre Anhänger zu schützen. In manchen Schulen okkulter Praxis wird eine solche Vereinnahmung eines Geistes häufig als eine Form der Sühne für dessen Sünden erklärt. Andere betrachten sie als eine Form spiritueller Sklaverei, selbst wenn eine gewisse Bezahlung erfolgt, da diese Bezahlung aus wenig mehr besteht als der Nahrung, die erforderlich ist, um ihn am Leben und einsatzfähig zu halten. Es ist vorstellbar, dass manche esoterischen Lehrer sich von dieser Praxis leiten lassen und wie der ägyptische Pharao durch die Gebete, Opfergaben und Bitten ihrer Schüler eine Art Unsterblichkeit zu erlangen suchen.

Wenn wir dies für möglich halten, dann sind die Berichte über Reinkarnation und psychische Unsterblichkeit aus dem Leben der britischen Laien-Ägyptologin Dorothy Louise Eady (1904-1981), besser bekannt als Om Sety, erst recht bedeutsam. Nähere Einzelheiten über Om Setys Leben sind Jonathan Cotts Buch *The Search for Om Sety* zu entnehmen, für unsere Zwecke genügt es zu wissen, dass Eady in ihren Träumen sehr viele detaillierte und bisher unbekannte Informationen über das alte Ägypten erhalten hat, die später von Ägyptologen bestätigt worden sind. Von größerer Bedeutung für unsere Arbeit ist, dass sie sagte, Pharao Seti I. habe sie sowohl in Träumen als auch in einem beinahe körperlichen Zustand besucht, und er lebe, genau wie auf Erden, als Herrscher in einer geistigen Welt. Dieser Umstand sei durch Praktiken ermöglicht worden, die er während seiner Ausbildung in Tempeln erlernt habe, die seinem Namenspatron, dem ägyptischen Gott Seth, geweiht waren.

Opfergaben in Form von Nahrungsmitteln, Getränken, Tabak und Gebeten an die Toten, insbesondere an die eigenen Ahnen, stärken und erhalten das kollektive „Familiengefühl", wenngleich nur auf psychischer Ebene. So wird erklärlich, dass Familien, die über Generationen hinweg in hohem Ansehen stehen oder sogar gefürchtet werden, dies teilweise wegen des Egregors vermögen, den sie um sich herum aufgebaut haben. Dieser Egregor ist zunächst womöglich unbewusst, wird aber schon bald zum Brennpunkt des Zugehörigkeitsgefühls zur Familie. Begriffe wie Familie, Tradition, Unternehmen, Brauchtum und Stolz tragen zum Aufbau einer Clan-Struktur bei, die sowohl in die Vergangenheit als auch ins Unsichtbare reicht. Es überrascht daher nicht, dass bei einigen dieser bekannten historischen Familien ein echtes Interesse an okkulten Praktiken entweder vorhanden oder zu vermuten ist.

Wird in der Familie ein Patriarch oder eine Matriarchin als spiritueller oder philosophischer Kopf eingesetzt, bildet sich die dynastische Macht nur umso stärker aus. Ebenso wenig sollte es überraschen, dass viele heute existierende religiöse, spirituelle und esoterische Gruppen einst tatsächlich kaum mehr als Familien waren, die dann über die Grenzen einer bestimmten Blutlinie oder Geographie hinausgewachsen sind.

Hat man im Leben eine Position als wichtiger, bekannter und geachteter Lehrer erlangt, kann diese nach dem Tod womöglich ausreichend psychische Aufmerksamkeit auf sich ziehen, um eine Art „positiven Limbus" zu erschaffen, mit der Folge, dass – wie manche glauben – keine Auflösung eintritt. Vielmehr bleibt man durch seine selbst geschaffene Mittler-Position für die eigenen Anhänger wach und im Kontakt mit der geistigen wie mit der materiellen Welt. Man kann also das Beste aus beiden Welten genießen – eine Zeit lang.

DIE MACHT DES EGREGORS ... ACHTEN SIE AUF IHRE TRÄUME

Diese Hüter der verschiedenen Traditionen sind ein zwiespältiger Segen, wie viele entdecken mussten, insbesondere diejenigen, die im Zusammenhang mit mystischen und magischen Verbindungen – und insbesondere ihrer Loslösung von ihnen – diverse spirituelle Krisen durchlebt haben. Die Macht eines Egregors ist jedoch auch die einer regionalen Wesenheit, deren Einfluss einfach über eine bestimmte geographische Region ausstrahlt. Sie ernährt sich genau wie wir. Sie atmet ein und aus, genau wie wir. Das folgende Beispiel stammt aus einer privaten E-Mail an den Verfasser dieses Buches.

> Am Sonntag konnten meine Frau und ich nach einer unruhigen Nacht, in der wir beide um 4:30 Uhr aufgewacht waren, weil sie Kopfschmerzen hatte, ein paar Stunden später endlich ein wenig Ruhe finden. In dieser Zeit hatte ich folgenden Traum: Ein

alter tibetischer buddhistischer Mönch hielt eine lange Lehrrede. Er redete in einer Sprache, die ich nicht verstand, aber in meinem Kopf wurde alles übersetzt. In der Meditation bin ich ihm später wieder „begegnet" und habe ihn nach seinem Namen gefragt. Er antwortete: „Lama Shugden." Heute habe ich von zwei meiner Klienten erfahren, dass in dem knapp zehn Kilometer von meiner Praxis entfernten Dharma-Zentrum gestern, also am Morgen meines Traumerlebnisses, eine Dorje-Shugden-Aktivierung stattgefunden hat.

SPRACHE ALS KONTROLLMECHANISMUS

Der parteiische Einwand, den viele Anhängerinnen und Anhänger des Tibetischen Buddhismus gegen unsere bisherigen Ausführungen erheben würden, beweist tatsächlich dessen zentrale Bedeutung. Der Tibetische Buddhismus ist in der privilegierten Position, Anhänger – und insbesondere Konvertiten – zu haben, die ihn ausschließlich aus dem engen Blickwinkel selbstdefinierender Konzepte betrachten. Das heißt, jede Schule definiert sich selbst. Ein Vergleich mit etwas anderem als dem Tibetischen Buddhismus oder dem Buddhismus im Allgemeinen – wie ihn die Lamas definieren – wird selten vorgenommen. Es wird sogar ausdrücklich davon abgeraten. So werden also die Diskussion und die Definitionen kontrolliert und damit zugleich der übergeordnete Egregor der Sekte oder Schule aufrechterhalten.

Aus demselben Grund können wir jedoch auch sehr sicher sein, dass tatsächlich wohl nur wenige Schülerinnen und Schüler des Tibetischen Buddhismus diese Monographie je lesen werden. Durch die Behauptung, Erleuchtung und die Freiheit zu wollen, die sie gebietet, haben sie lediglich einen Egregor gegen einen anderen ausgetauscht. Sie haben eine ordnende geistige Struktur gegen eine andere getauscht. Die Ausnahme bilden jene Schülerinnen und Schüler, die die Methoden, die ihnen an die Hand gegeben werden, wahrhaft umsetzen und dadurch wiederum jene Teile der Lehren zu erkennen vermögen, die universell sind und ihr Erwachen in die Sprache und Kultur übertragen können, mit der sie aufgewachsen sind. Die Mehrheit hingegen spielt einfach Buddhismus und tut so, als sei er tibetisch, befasst sich aber nie mit seiner Vergangenheit oder den Konsequenzen, die die Wahl ihres spirituellen Weges für ihre Zukunft hat.

Aus diesem Grund ist es von ausschlaggebender Bedeutung, dass man den Vergleich zwischen der tibetischen Tulpa- und Tulku-Praxis mit ihren jeweiligen Sadhanas und der westlichen Idee vom Egregor zieht, damit man nämlich den persönlichen Entwicklungssprung vollziehen kann, nach dem man Funktion und Resultat mehr schätzt als Format und Konstrukt. Mit den Worten des wegweisenden Tibetologen Herbert Guenther gesprochen:

> Die Analogie … ist ein hermeneutisches Instrument, das den Weg zu einem Verständnis der vielen Horizontformen gelebter Erfahrung öffnet, in dem es den Betrachter dazu bringt, neue Verbindungen zu erwägen und herzustellen. Deshalb sind Symbol und Analogie untrennbar miteinander verflochten; was auf einer Ebene oder in einer Richtung als Analogie begriffen wird, wird auf einer anderen Ebene und in einer anderen Richtung zum Symbol. Beide spielen eine entscheidende Rolle bei Beschleunigung, Stärkung und Belebung des Individuationsprozesses. Heute werden wir Zeugen einer Zerstörung von Symbolen und Analogien durch eine nie dagewesene Verdinglichung, im Zuge derer wir selbst auf etwas Manipulierbares reduziert werden, das über keinerlei eigene Individualität ver-

fügt. Individuationserzählungen … kommen da als rechtzeitige Mahnung, tiefer und weiter in die Seiendheit unseres Seins zu blicken.[18]

2

Der *Hermetic Order of the Golden Dawn* und verwandte Egregore

Fast ein Jahrhundert lang haben die Methoden des *Hermetic Order of the Golden Dawn* (Hermetischer Orden der Goldenen Morgenröte) oder daran angelehnte Methoden die magischen Praktiken in weiten Teilen der „magischen Welt" definiert und beherrscht. Zwar hat der französische Okkultist, Autor und Zeremonialmagier Eliphas Lévi den französischen Rosenkreuzer- und Martinisten-Schulen (sowie den mit ihnen zusammenhängenden templerischen und gnostischen Kirchen) eine Beziehung zur Idee des Egregors vermittelt, die vollständig in ihr Denken integriert war, aber ihre britischen Vettern holten rasch auf. Die Vorstellung, über „innere Kontakte" zu verfügen oder eine „vollständig kontaktierte Schule" zu sein, wurde für die einzelnen Schulen sowohl zum Verkaufsargument als auch zum Unterscheidungsmerkmal. Zugleich wurde die Frage, wie man sicher sein konnte, dass solche Kontakte existierten oder legitim waren, zum Gegenstand heftiger Auseinandersetzungen. Am Ende blieb den Schülerinnen und Schülern nur der Gedanke an das Bibelwort (nach Matthäus 7, 16): „An ihren Früchten sollt ihr sie erkennen."

Für manche ging es bei der Idee des Egregors weniger um die Frage, ob man von einem engelhaften oder dämonischen Wesen beeinflusst wird, sondern ob man unter dem Einfluss ehemals menschlicher und nun gänzlich vollendeter Wesen oder Meister steht. Diese einst menschlichen Meister, die Eingeweihte der okkulten Künste und Wissenschaften gewesen sein sollen und nun angeblich die höchsten Ebenen spiritueller Erleuchtung erreicht hatten, führten die Menschheit auf dem Weg der Rückkehr zur Quelle. Man gab ihnen vielfältige Namen, etwa Unbekannte Höhere Wesen, Unsichtbare Meister, Große Weiße Bruderschaft oder ähnliche, erhaben klingende Titel. Schon der oberflächliche Blick zeigt, dass diese Hierarchie nicht viel mehr war als eine okkulte Version der Heiligen des Christentums, der Gerechten der Kabbala, der Verborgenen Imame des Schiismus, der Xian des Daoismus oder der Bodhisattvas des Buddhismus (und insbesondere des Tibetischen Buddhismus). Tatsächlich werden die Eingeweihten der Unsichtbaren Bruderschaft – ob nun der Rosenkreuzer oder anderer Gemeinschaften –, die westliche Schülerinnen und Schüler anleiten, häufig als gemeinschafts- oder glaubensübergreifend bezeichnet. Sie gelten als Meister *aller* Traditionen und Systeme.

Insbesondere werden ihnen oft Eigenschaften zugeschrieben, die eher Eingeweihten östlicher Systeme entsprechen – Daoismus, Vajrayana und Dzogchen in Tibet und insbesondere den indischen Nath, Agori und Avadhuta Yogis – als den Vorstellungen von Heiligkeit, die in den abrahamitischen Religionen geäußert werden. Die wichtigste Eigenschaft ist die Fähigkeit, sowohl in der physischen Welt als auch in den übersinnlichen Welten als selbstständiges Wesen zu agieren. Anders als bestimmte esoterische Schulen, die die völlige Auflösung der Persönlichkeit oder des Ichempfindens vertreten, haben diese Eingeweihten ein Gleichgewicht zwischen Individualität und erleuchtetem Bewusstsein verwirklicht und existieren als selbstvollendete autonome Wesen.

Es gibt allerdings Ausnahmen von dieser Vorstellung, etwa wenn das vollendete geistige Wesen zwar existiert, aber aus Gründen, die nicht immer ersichtlich sind, nicht über die Fähigkeit verfügt, direkt auf die materielle Welt einzuwirken, sondern eine Art Vermittler braucht. Dies bedeutet also, dass man diese körperlosen Intelligenzen direkt kontaktieren kann, aber auch, dass sie versuchen können, sich an einem Egregor entweder zu beteiligen oder selbst einen zu erschaffen, um einen etwas dauerhafteren Mechanismus zu haben, durch den sie wirken können.

DER EGREGOR DES *GOLDEN DAWN*

Der gesamte Wesenskern eines Egregors lässt sich in einem Dokument zusammenfassen, das unter dem Begriff „Fliegende Rolle“ bekannt ist. Dokumente dieser Art haben der britische Okkultist MacGregor Mathers und Wynn Westcott – der Mitbegründer des *Hermetic Order of the Golden Dawn* – im 19. Jahrhundert zum Gebrauch durch die Angehörigen des Zweiten oder Inneren Ordens, also derjenigen verfasst, die den Grad des Adeptus Minor (5=6) oder höher erreicht hatten. Die Schriften zirkulierten unter den Mitgliedern, und während sie heute bis zur Nummer 35 relativ leicht zugänglich sind, ist die *Fliegende Rolle*, aus der im Folgenden zitiert wird, unbekannter und taucht im ursprünglichen Dokumentensatz nicht auf. Sie findet sich aber in mehreren Büchern von Patrick Zalewski, einem bekannten und angesehenen Adepten in der Tradition des *Hermetic Order of the Golden Dawn*, erstmals in *Secret Inner Order Rituals of the Golden Dawn*.

Dem Dokument zufolge bildet die „ätherische Verbindung“ die Grundlage für die Existenz des Ordens. Die Beziehung eines Mitglieds zur „Verbindung" entwickelt sich progressiv in drei Stufen, deren erste im Ersten oder Äußeren Orden erfolgt.

> Im Grad 0=0 wird der Neophyt erstmals in die Verbindung eingeführt, was in der Aura eine Art Kraftstoß auslöst, der die Aura erweitert und ihre Dichte erhöht. Die Hellsichtigen unter den Anwesenden sehen ihn als schimmerndes grünes oder blaues Licht (je nach Intensität des Kontakts). In den vier darauffolgenden Elementaren Graden wird die im Grad 0=0 hergestellte Verbindung geöffnet, um einen Energie-Impuls zu erhalten, der auf die körperlichen Elemente zugeschnitten und abgestimmt ist. Von da an muss die Aura regelmäßig durch rituelle Praxis und Meditationsübungen aufgeladen werden, damit der durch die Verbindung einfließende Kraftstrom nicht unterbrochen oder abgeriegelt wird, wie es bei zu langem Verweilen in den äußeren Elementargraden geschieht. (Zum Beispiel, wenn man jeweils mehrere Jahre in einem Elementargrad zubringt.)[19]

Dem Dokument zufolge wird die Verbindung abgeriegelt, wenn ein Mitglied auf dieser Stufe seiner Studien den Orden verlässt oder ausgeschlossen wird. Dabei wird die Person von jeglicher übersinnlicher Anbindung an den Orden abgeschnitten. Sobald eine Schülerin oder ein Schüler jedoch in den Grad der Pforte eintritt, wird seine beziehungsweise ihre persönliche Beziehung zur Verbindung (d. h. zum Egregor) konkreter und endgültiger.

> Von der Pforte an durchläuft die Verbindung eine deutliche Veränderung. *Ihrem Wesen nach parasitär, bildet sie innerhalb der Aura eine feste Hülle, die der Gestalt des Körpers ähnelt.*

> [Hervorhebung des Autors] Diese Hülle ist durchscheinend und strahlt aus feinstofflichen Körperzentren in die ganze Aura aus. Ist sie während der Einweihung zum 5=6 einmal in den Körper aufgenommen, bleibt sie dem Menschen lebenslang eingeprägt, es sei denn, die Hauptadepten, die die Verbindung ausstrahlen, beschließen, sie einzustellen. Im Orden selbst kann man den Adepten nur auf den Grad der Pforte zurückstufen, aber keiner hat die Macht, die Verbindung zu verändern oder zu kappen. Steigt man in den Graden des Zweiten Ordens weiter auf, wird die Verbindung durch Rituale weiter gestärkt.[20]

Der Höhepunkt ist der Grad des *Adeptus Exemptus*. Er bedeutet, dass das Mitglied von diesem Zeitpunkt an nicht nur Schüler, sondern auch Amtsträger einer Loge ist und damit integraler Bestandteil von Gesundheit und Wohlergehen des Ordens auf physischer wie spiritueller Ebene. „In der abschließenden Phase im Grad 7=4 wird ein Ritual mit der Bezeichnung „Übertragung der ätherischen Verbindung" vollzogen (üblicherweise denen im Amt des Hauptadepten oder ihren unmittelbaren Nachfolgern vorbehalten), wobei dem Adepten die Verbindung in ihrer Gänze übergeben wird, damit er die Arbeit weiterführen kann."[21]

Wie der Egregor auf der übersinnlichen Ebene arbeitet, wird in dem Dokument sehr präzise beschrieben, ebenso wie und warum Egregore aufgebaut werden.

> Die Verbindung könnte auf ihren verschiedenen Stufen als eine Art *Astraltunnel* bezeichnet werden, der den Zugang zu bestimmten Regionen der Astralebene ermöglicht, wo die verschiedensten Astralwesen über ihre jeweiligen Bereiche herr-

schen. Die wichtigste Theorie lautet, wenn es ausreichend viele Verbindungen zur Menschheit gibt, wird mehr Energie an den Menschen abgegeben, damit er etwas vom *Großen Werk* vollbringen kann. Wenn man also eine Einweihung in einen Orden erhält, werden diese Verbindungen geschmiedet. Im Grunde ist dies eine Zweiwege-Kommunikation. *Die Astralwesen brauchen die Hingabe, um ihre eigene Macht auf der Astralebene zu mehren (indem der Anhänger den Impuls durch seine Hingabe und Verehrung zurücksendet), was dazu führt, dass die Energien zweier verschiedener Welten empfangen und umgewandelt werden: Eine Art Perpetuum mobile, das an Stärke zunimmt, solange beide Parteien bereit sind, sich daran zu halten.* [Hervorhebungen durch den Autor]

Ein esoterischer Orden arbeitet normalerweise nach seinem maßgeblichen Grundthema, konzentriert sich aber auf unterschiedliche Entwicklungsbereiche. Wenn eine Verbindung hergestellt wird, stimmt man sich darauf ein, auf einem bestimmten Gebiet zu arbeiten, dem die Astralwesen (von ihrer eigenen Ebene) zu dessen Entwicklung zugewiesen worden sind.

Der direkte Kontakt zu diesen Astralwesen wird über die Verbindung (den Astraltunnel) hergestellt, durch die (bzw. den) sich der Adept während seiner medialen (astralen oder visionären) Reisen auf jene Ebenen begibt, mit denen er Kontakt aufnehmen möchte.

Verschiedentlich merken Adepten, sobald sie im Zweiten Orden sind, dass sie durch ihre astralen Fähigkeiten von Wesen angezogen werden, um auf anderen Gebieten zu arbeiten als ihr Orden. In diesen Fällen sind die Wächter [des Egregors] übereingekommen, sie zu akzeptieren, damit sie sich zu einer

> bestimmten Ebene weiterentwickeln können. Dort wird dann eine neue Verbindung zu anderen Wesenheiten oder einem anderen esoterischen Orden geschmiedet. Man darf nicht vergessen, dass es sogar auf der Astralebene ein gewisses Geben und Nehmen gibt. Algebraisch ausgedrückt, muss A über B gehen, um C zu erreichen. Der christliche Glaube ist dafür ein ebenso gutes Beispiel wie die zahlreichen Ableger unseres eigenen Ordens. Ist die neue Verbindung zu C aufgebaut, wird in diesen Fällen die alte zu B geschlossen und eine direkte Verbindung von A nach C genutzt.[22]

Dass hier ein „Astraltunnel" (heute würde man vielleicht von einem *Wurmloch-Effekt* sprechen) erwähnt wird, ist wichtig, denn dies lässt auf eine direkte Verbindung zu einer bestimmten Sphäre oder Ebene der Intelligenz-Energie-Materie schließen, ohne dass man auf dem Weg dorthin verschiedene Stufen durchlaufen müsste – also eine Art „Hotline" zu einem Astralwesen, wenn man so will. Mindestens eine daoistische Schule kennt eine ähnliche Idee. Darin führen die Schülerinnen und Schüler mehrere Visualisierungen aus, durch die sie eine Art Tunnel wahrnehmen, der sie an einen „astralen" Ort bringt. Dort begegnen sie verschiedenen typischen Gestalten – Adligen oder Kriegern zum Beispiel – und erhalten von ihnen konkrete Angaben über ihren weiteren Weg. Die Tunnel dürfen nicht ausgelassen werden, und man muss in ihnen auf dieselbe Weise wieder zurückkehren, wie man durch sie in die jeweilige himmlische Welt gelangt ist.

Ein Beispiel, wie sich ein solcher Ableger eines Egregors bilden oder in Form eines neuen Ordens Wurzeln schlagen kann, ist die Entstehung der *Society of the Inner Light* und ihres späteren Ausläufers, der *Servants of the Light* (SOL). Die *Society of the Inner Light* wurde von der britischen Okkultistin, christlichen Kabbalistin, zeremoniellen Magierin und Schriftstellerin Dione Fortune (1890-1946) mitbegründet.

WALTER ERNEST BUTLER: EIN WEGWEISENDER OKKULTIST

Walter Ernest Butler (1898-1978) gehört zu den wichtigsten, doch häufig kaum bekannten Okkultisten des 20. Jahrhunderts. Seine Verbindungen zu Dion Fortune, dem britischen Esoteriker und Okkultismus-Autor Gareth Knight sowie der britischen Okkultismus-Autorin, Medium und Esoterikerin Dolores Ashcroft Nowicki trugen entscheidend dazu bei, dass die Lücke zwischen dem in Auflösung begriffenen *Hermetic Order of the Golden Dawn* und der Anpassung seiner Rituale und Lehren für eine breite okkulte Öffentlichkeit geschlossen werden konnte.

In einem Artikel mit dem Titel „The Egregore of a School" (Der Egregor einer Schule), der 1970 von den *Servants of the Light* veröffentlicht wurde, stellt Butler die Idee des Egregors auf eine Art und Weise vor, die unter britischen Okkultisten jahrzehntelang zum Standard werden sollte. Entscheidend ist, dass Butler gleich in der ersten Zeile des Artikels sagt, er werde „über etwas sprechen, was sehr wichtig ist, von der Mehrzahl der Studentinnen und Studenten der Esoterik aber gemeinhin vergessen wird".[23] Dieses Wissen ist unerlässlich, wenn man verstehen will, weshalb Begriff und Idee des *Egregors* in der englischsprachigen okkulten Literatur der zweiten Hälfte des 20. Jahrhunderts immer geläufiger wurden.

Weiter führt Butler, wie andere Experten vor ihm, in dem Artikel aus, dass ein Egregor seiner grundlegenden Natur nach aus kollektiven Emotionen besteht, dass die Gedankenform selbst über keine eigene Moral verfügt und ihre Anweisungen von denjenigen entgegennimmt, die mit ihr verbunden sind.

Von innen heraus gesehen, könnte man ihn als eine zusammengesetzte Gedankenform betrachten, die mit emotionaler Energie aufgeladen ist. Diese Energie wird von allen hervorgerufen, die mit der Gedankenform verbunden sind; und wenn es in der Gruppe welche gibt, die etwas über den beteiligten psychischen Mechanismus wissen, kann sie auf jedes beliebige Ziel gerichtet werden. Es liegt auf der Hand, dass eine solche Energie zum Guten wie zum Schlechten eingesetzt werden kann, wobei die Intention derer, die die Energie in der kollektiven Gedankenform beeinflussen, die Richtung vorgibt.

In aller Regel entsteht die Gedankenform um einen bestimmten Menschen oder eine Gruppe herum, und mit der Anzahl der Mitglieder wachsen auch Macht und Reichweite des Egregors; außerdem tritt eine eigentümliche Wechselwirkung ein. Jedes Gruppenmitglied lässt Energie in die kollektive Gedankenform einfließen, aber ebenso dringt auch in jedes Mitglied der Einfluss der Gruppe als Ganzer ein. Durch diese Umkehrwirkung zeigen sich bestimmte Probleme.

Für Außenstehende wird immer offensichtlicher, dass jedes Mitglied bis zu einem gewissen Grad unter dem Druck des kollektiven Denkens aller steht, die mit der Gruppe verbunden sind, und *wenn man nicht aufpasst, wird dadurch die Kraft des selbstständigen Denkens geschwächt. Bei vielen ist dies sogar ausdrücklich erwünscht, denn der Alltagswelt fühlen sie sich womöglich nicht gewachsen, durch eine derartige Verbindung aber vor den ihrem Empfinden nach aggressiven Tendenzen der anderen geschützt. Vielleicht sehen sie sich aber auch nicht in*

> *der Lage, mit neuen Ideen und Situationen umzugehen, und glauben, dass der Gruppenverstand ihnen das Denken abnimmt und sie dadurch nicht Gefahr laufen, etwas Falsches zu denken.* [Hervorhebung des Autors]
>
> Beide Tendenzen sind ungesund, zugleich aber verbreitet, insbesondere in okkulten und religiösen oder semireligiösen Kreisen. Tatsächlich kann *eine solche Abhängigkeit von einem Egregor sogar heilsam sein, nämlich da, wo die geistigen und psychischen Umstände es rechtfertigen, dass jemand zeitlich begrenzt vom kollektiven Gruppenverstand beherrscht wird. Aber jede Organisation, die alle ihre Mitglieder zu einer solchen Abhängigkeit verpflichtet, begibt sich auf einen gefährlichen und schlüpfrigen Weg und wird früher oder später zu Schaden kommen.* [Hervorhebung des Autors][24]

Anschließend bezeichnet Butler das Wesen der Disziplin in der praktischen Esoterik als den persönlichen Entschluss, einem selbst gewählten Lehrer zu folgen; in Wirklichkeit eine Form des Guru-Yoga: „Tatsächlich ist Disziplin die bewusste Entscheidung des Schülers oder der Schülerin, in die Fußstapfen eines Menschen zu treten, den er oder sie bewundert. Sie ist eine Verbindung aus Bewunderung und Liebe. Wo das Objekt dieser Liebe weise und einsichtig ist, kann eine solche Guru-Chela-Beziehung, wie gesagt, von größtem Wert sein. Doch allzu oft wird sie zu einer ungesunden seelischen und körperlichen Beziehung, die wie ein krankes Glied den ganzen Körper vergiften kann.“[25]

Dion Fortune pflegte zu sagen, die spirituelle Gesundheit einer Organisation überprüfe man am besten nicht dadurch, dass man ihre Integrität anhand ihrer öffentlichen Lehren und Ausführungen zu beweisen versucht, sondern man solle sorgfältig darauf achten, welche

Art von Mensch ihre Disziplin hervorbringt. ... So lautet denn der uralte Prüfstein, den wir immer anwenden können, denn er ist ewig wahr: „An ihren Früchten sollt ihr sie erkennen."

Um die mit einem Persönlichkeitskult verbundenen Probleme zu vermeiden, gab Butler den *Servants of the Light* eine relativ lose Struktur. Er erklärt: „Unser Egregor wird auf den inneren und den äußeren Ebenen kontaktiert. In erster Linie ist er mit der westlichen Tradition verbunden, aus ihr bezieht er seine Macht und Autorität. Er ist ein locker gestrickter Egregor, was ihm Flexibilität verleiht. Gerade wegen dieser lockeren Verbindungen zu anderen Traditionen hat er all denen viel zu geben, die sich mit der Haltung auf seinen Kurs begeben, wissen zu wollen, um dienen zu können."[26]

Im nächsten Kapitel werden wir uns ansehen, wie der Begriff des Egregors sich durch den Okkultismus in Frankreich sowie unter anderem durch seine Verbindung zum Tarot, mit der wir uns beschäftigen werden, in der modernen Kultur verbreitet hat.

3

Die Moderne und das Wiederaufleben des Okkultismus in Frankreich

Victor Hugo war offenbar der erste Autor, der das Wort *Egregor* in der modernen Sprache verwendet hat. 1859 erscheint es in der Gedichtsammlung *La Légende des Siècles* (Die Legende der Jahrhunderte), wo es sowohl als Adjektiv wie auch als Nomen verwendet wird. Nicht einmal ein Jahrzehnt später taucht es in den Schriften von Eliphas Lévi auf, insbesondere in *Le Grand Arcane* (Das große Geheimnis). Lévi bringt das Wort *Egregor* eindeutig mit der kabbalistischen Legende von den Wesen in Verbindung, die als die Väter der Nephilim gelten, und beschreibt sie als Wesenheiten, die von unserer Existenz nichts wissen. Dies könnte durchaus die Quelle sein, aus der der Begriff Eingang gefunden hat in die modernen esoterischen Erzählungen, in die Lehren verschiedener martinistischer und rosenkreuzerischer Bewegungen in Frankreich sowie in den *Hermetic Order of the Golden Dawn*.

DER TAROT VON MOUNI SADHU

Mouni Sadhu ist das Pseudonym von Mieczysław Demetriusz Sudowski (1898-1966), einem polnischen Theosophen und Martinisten. Seinen Schriften ist zu entnehmen, dass er sich von 1926 bis 1933 eingehend mit Hermetik befasst hat und durch die Werke von Professor Grigorii Ossipovich Mebes (1869-1930) beeinflusst wurde. Mebes, ein führender Kopf der russischen Freimaurerei, war auch die wichtigste literarische Inspiration für den estnisch-russischen christlichen Mystiker und hermetischen Magier Valentin Tomberg, was in dessen unter dem Pseudonym *Anonymus d'Outre Tombe* veröffentlichten Buch *Die großen Arcana des Tarot: Meditationen* deutlich zu erkennen ist. Tatsächlich sind sich Sadhus Buch *The Tarot* und Valentin Tombergs Werk in ihrem philosophischen Ton sehr ähnlich, mit Ausnahme eines entscheidenden Punktes: Sadhu versichert, dass es auch positive Egregore gibt, während für Tomberg alle Egregore letztendlich „dämonisch" sind. Sadhu nimmt die zweiundzwanzig Karten der Großen Arkana des Tarots zur Grundlage seiner Darstellung der hermetischen Philosophie (hauptsächlich aus martinistischer Sicht), ergänzt aber jedes Kapitel auch um ausführliche praktische okkulte Ratschläge.

Tomberg verfolgt einen anderen Kurs und liefert eine erschöpfende philosophische Betrachtung des Tarots in seinem Verhältnis zu den wichtigsten esoterischen Strömungen (wenngleich aus der Sicht des römischen Katholizismus), was seinen Ausführungen ein idealistisches hochmittelalterliches Flair verleiht und sie zugleich zutiefst inspirierend macht.

Tatsächlich preist Antoine Faivre, der bekannte französische Religionswissenschaftler und Professor für die esoterischen und mystischen Bewegungen der Neuzeit an der Pariser Sorbonne, Tombergs Werk als „das schönste und lehrreichste Buch des 20. Jahrhunderts über westliche Esoterik".[27]

Auch Bede Griffiths (1906-1993), der britisch-indische Benediktiner-Mönch, der später unter dem Namen Swami Dayananda bekannt wurde, und der international angesehene Trappistenabt, Theologe und glänzende Autor Thomas Keating haben es öffentlich empfohlen. Die neueste Ausgabe enthält eine Einführung von Kardinal Hans Urs von Balthasar, einem der „bedeutenden katholisch-theologischen Autoren des 20. Jahrhunderts“[28] – keine geringe Leistung angesichts des Themas, das das Buch behandelt.

Für viele Leserinnen und Leser sind diese beiden Werke die einzige Berührung mit den Lehren des Martinismus, soweit sie in englischer Sprache verfügbar sind.* Außerdem enthalten sie eine nahezu vollständige Darstellung der wichtigsten Themen und Ideen des französischen Okkultismus Ende des 19., Anfang des 20. Jahrhunderts, was wiederum die Grundlage dafür bildete, dass der Okkultismus zur selben Zeit auch in Großbritannien, Amerika und Russland wiederaufleben konnte.

Mouni Sadhus Buch verweist in seinem Stichwortverzeichnis zweiundfünfzig Mal auf die Begriffe *Egregor* und *Egregore*. „Egregor: der, eine kollektive Wesenheit wie etwa eine Nation, ein Staat, Religionen und Sekten und ihre Anhänger, und sogar kleine menschliche Organisationen. Die Gestalt eines Egregors ähnelt der des Menschen. Egregore haben einen physischen Leib (das heißt kollektiv alle Körper derer, die jeweils zu einem Egregor gehören) sowie auch einen Astral- und Mentalkörper, wobei der Egregor die Gesamtsumme aller dieser Elemente bildet.“[29] Später schreibt Sadhu: „Umgangssprachlich lässt sich sagen, dass die magische Kette sowohl aus lebenden als auch aus toten Menschen sowie aus Elementargeistern unterschiedlicher Art besteht.“[30]

Im Anschluss führt er weiter aus, wie Egregore entstehen:

* ins Deutsche übersetzt ist nur Tombergs Werk, Anm. d. U.

Stellen Sie sich vor, dass ein intelligenter und freundlich gesinnter Mensch, der zur Konzentration fähig ist, über eine gute Idee nachdenkt und ihr eine bestimmte Form gibt. Später trifft er vielleicht auf andere, die dieselbe oder ähnliche Ideen haben, und so kann ein Kreis von Menschen entstehen, die alle in einer ähnlichen Richtung denken, aber in unterschiedlicher Form. Es ist, als zeichne jeder die Linien eines Planes nach, wobei er mit seinem Bleistift wieder und wieder dieselben Konturen nachzieht. Das Ding nimmt an Stärke zu, entwickelt ein Astrosoma und wird zum „Egregor" oder Kollektivwesen.

So ein Egregor verteidigt, heilt und reanimiert sogar die physischen Körper seiner Mitglieder, wie dies jedes Astrosoma tut. Er regt sie zum Handeln und zur Verwirklichung der wesentlichen Idee an, die sich im Egregor verkörpert. So treibt der Egregor einer wohltätigen Gesellschaft zum Beispiel deren Mitglieder zu immer neuen Aktivitäten und Werken sowie zur Gewinnung weiterer Mitglieder an. Egregore, die zu verfeindeten Organisation und Nationen gehören, können auf der Astralebene kämpfen, während ihre Menschen sich auf der physischen Ebene bekriegen.

Wenn Feinde den Leib von Angehörigen eines bestimmten Egregors auf der physischen Ebene zerstören, verstärkt deren Astrosoma [Astralkörper] ihren Egregor auf der Astralebene, während seine Menschen in der physischen Welt kämpfen. Man erinnere sich nur an die Christen-Verfolgungen durch Juden und Heiden in den ersten Tagen der neuen Religion. Die Christen haben den Kampf gewonnen, weil sie auf der Astralebene stärker waren. Deshalb sagte die Kirche damals, das Blut der Märtyrer sei die beste Saat für die neuen Christen.[31]

Egregore können sich sogar aufgrund verschiedener physischer Gegebenheiten aufbauen und so ihren Fortbestand sichern. Der Ort oder Gegenstand – etwa eine Reliquie – wird dann zu einer Art Talisman, der direkt mit der Erde und den Lebenserfahrungen des Adepten verbunden ist, um den sich der Egregor gebildet hat. Häufig geschieht dies „ganz von selbst" und nicht infolge von Ritualen, Anrufungen oder jenen Handlungen, durch die lediglich ein bestimmtes Objekt für ausschließlich rituelle Zwecke erschaffen werden soll. Wenn man so will, hat es einen Aspekt der „Gnade".

Sadhu behauptet: „Sehr weit fortgeschrittene Elementare [Adepten], die mit mächtigen (für gewöhnlich religiösen) Egregoren verbunden sind, hinterlassen manchmal bestimmte Zentren auf der Erde, durch die die egregorischen Kräfte wirken können. Es sind dies die Gräber mancher Heiliger oder wahrhaft fortgeschrittener Yogis oder Orte wie Lourdes, das Heilige Grab sowie einige weniger bekannte Orte, die oft nur Eingeweihten zugänglich sind.[32]

Sadhu versichert, dass es positive und negative Egregore gibt und erläutert einige mediale Maßnahmen von Adepten auf der Astralebene. Diese Maßnahmen dienen dazu, einen bestehenden Egregor zu verbessern oder einen neuen zu erschaffen. Ein wenig vom Thema abschweifend, spricht er über das psychische Aussaugen eines Umfelds – den „Vampirismus" – um mediale Energie zum Handeln in der materiellen Welt zu erlangen. Sadhu verwendet den Begriff zwar, macht aber deutlich, dass es sich bei diesem Vampirismus um ein energetisches Extrahieren handelt und nicht um das mythologische Blutsaugen. (Leider hat er sich hier zu einer recht unglücklichen Wortwahl hinreißen lassen, denn die Methoden, von denen er spricht, gelten häufig als Teil einer sehr hochstehenden esoterischen Praxis.)[33]

Jeder dieser Prozesse ist aufs Engste mit der emotionalen oder astralen Stärke des Adepten verknüpft. Die Mehrheit der Praktizierenden interagiert mit diesen Energien jedoch nicht bei Astralreisen, sondern bei Ritualen in der physischen Welt. Sadhu bringt dies klar und prägnant auf den Punkt, wenn er schreibt: „Der aktive Teil der Kabbala ist folgender: ‚Wenn wir die Symbole und Formeln im vollen Bewusstsein ihrer Bedeutung kabbalistisch anwenden, dann MUSS sich dieses Handeln – in gewissem Maße – auf die Entwicklung realer Geschehnisse, auf die Veränderungen der astralen Clichés [Formen] und die mentalen Ströme auswirken.'“[34]

Das Vitalisierende des Rituals liegt in der Aussprache der verschiedenen Gottesnamen, die mit den zehn Sphären des Lebensbaums verbunden sind. Gerade so wie Gott das „Wort“ gesprochen hat und die Schöpfung entstanden ist, rezitiert der Adept die Gottesnamen und lässt okkulte Phänomene, Wesenheiten oder sogar Welten entstehen.

> Jetzt sind Sie vielleicht so weit, dass Sie erkennen, welchen Zielen die Verbindung der ZEHN NAMEN in Theurgie und Magie dient. Sie sind Formeln der einzelnen Zyklen des Großen Diabatischen Prozesses im Leben des Universums. IN IHRER FÜLLE UMFASSEN SIE ALLES, WAS VOLLZOGEN WORDEN IST, UND ALLES, WAS NOCH VOLLZOGEN WERDEN WIRD. Sie sind sozusagen die vollständige Widerspiegelung des subjektiven Verständnisses des Kollektiven Menschen (des Universellen Wesens) vom Mysterium, das im Aufbau der Welt liegt, offenbart in den Zeichen seiner initiatorischen Sprache.
>
> Mit jeder theurgischen und mit vielen magischen Zeremonien ist die ritualisierte Aussprache einiger oder aller Heiligen Namen verbunden. Dies hängt davon ab, welche Sefiroth am Prozess der AUFSTEIGENDEN Gebete oder Beschwörungen beteiligt sind. Deshalb ist die exakte Kenntnis der Namen und

der Sefiroth schon für den Anfänger und Anwärter in Hermetik und Magie unerlässlich. Dies entscheidet für ihn über die Fähigkeit, in jedem Teil des Diabatischen Prozesses kabbalistische Handlungen vollziehen zu können und es GIBT IHM DIE FÄHIGKEIT, SEINE WILLENSKRAFT MIT FORMELN ZU VERSTÄRKEN, DIE IHN MIT DEM UNSTERBLICHEN EGREGOR DER GROSSEN KETTE VERBINDEN, DIE DURCH DIE WÄCHTER UND MEISTER DER KABBALA DER WEISSEN RASSE* GESCHMIEDET WORDEN IST.[35]

Allerdings muss man kein offizielles Mitglied eines Egregors sein, um dessen Auswirkungen zu spüren. Sadhu sagt, es sei möglich, einem Egregor zugeneigte Seelen anzuziehen, um sie zu vampirisieren, das heißt, von ihrer emotionalen und körperlichen Energie zu zehren. Beispiele dafür zeigen sich deutlich bei Sportereignissen sowie in politischen Wahlkämpfen und verschiedenen Formen der Medienmanipulation. „Die Handlungen der Zeremoniellen Magie erstrecken sich nicht nur auf zweidimensionale, sondern auch auf inkarnierte Wesen. Man kann – unter günstigen Bedingungen, versteht sich – das Astrosoma [den Astralkörper] eines lebenden Menschen oder des Egregors einer Kette, der inkarnierte Vertreter hat und so weiter, anrufen und zwingen, irgendetwas zu tun."[36]

Diese Macht der Anziehung und sogar Unterwerfung ist nicht auf Menschen begrenzt. Sie erstreckt sich auf alles Lebendige in den sichtbaren und den unsichtbaren Welten – und Egregore sind lebendig. „Die Hermetische Überlieferung ist unerschütterlich in ihrer Aussage, dass ALLES IM UNIVERSUM MITEINANDER VERBUNDEN ODER VERFLOCHTEN IST. Dies ist wichtig! Wenn Sie

* Diese auf „Rasse" bezogene Deutung der Kabbala wird von keinem(r) anderen maßgeblichen kabbalistischen Autor/Autorin geteilt. (Anm. d. Vlg.)

dies erkennen, werden viele Ihrer Sorgen, Ängste und Unsicherheiten wegfallen.“[37] Aus diesem Grund ermutigt Sadhu, wie Jean Dubuis, die Schülerinnen und Schüler, mit ihrer eigenen „schwachen Kabbala“ zu arbeiten, statt mit der eines anderen oder einer Gruppe. Arbeiten Sie mit Ihren eigenen Bildern, Gebeten, Anrufungen und „Mantras“, die sich aus Ihrem Verständnis der Kabbala ableiten, um den Einfluss zu begrenzen, den diverse Egregore auf Sie haben könnten.

DÄMONEN UND DAS BÖSE AUS UNTERSCHIEDLICHER SICHT

Valentin Tombergs Ausführungen über Egregore stehen in erster Linie unter der Überschrift der Tarotkarte, die unter der Bezeichnung *Der Teufel* bekannt ist. Das fünfzehnte Arkanum ist für Tomberg die symbolische Verkörperung aller psychisch und magisch erschaffenen Egregore. Alle Egregore sind also dämonisch, weil sie eine Schöpfung der Wünsche und Sehnsüchte des Menschen sind und dazu führen, dass die Menschheit an einen falschen Gott oder ein falsches Ideal gekettet wird.

Von hier aus führt Tomberg die Leserinnen und Leser zu einer Erörterung über das Böse, die Natur der Dämonen und ihre Entstehung sowie den Kernpunkt und das Wesen aller spirituellen Praxis, da diese zugleich die ihr innewohnende Gefahr darstellen. „Da es ... die Tendenz jeder geistigen Übung ist, zu einer Identifikation des Meditierenden mit dem Gegenstand der Meditation zu führen, d. h. zu einem Akt der *Intuition*, kann und darf das fünfzehnte Arkanum als geistige Übung nicht zu einem Erlebnis der Identifikation des Meditierenden mit dem Gegenstand der Meditation führen. Es darf nicht zur Intuition des Bösen kommen, da Intuition Identifikation ist, und Identifikation *Kommunion*.“[38]

Weiter sagt er: „Man soll sich nicht anders als aus einem gewissen Abstand heraus mit dem Bösen beschäftigen und dabei ein gewisses Maß bewahren, wenn man die Gefahr vermeiden will, den schöpferischen Elan zu lähmen, und die noch ernstere Gefahr: Den Bösewichtern Waffen zu liefern. … Die Welt des Bösen ist eine chaotische Welt. Wenigstens so, wie sie sich dem Beobachter darbietet. Man soll diesen Dschungel nicht betreten, um sich nicht in ihm zu verirren; man soll ihn von außen beobachten."[39]

Diese Warnung mag man zwar aufgrund der tatsächlichen oder vermeintlichen religiösen Voreingenommenheit des Autors nur allzu leicht in den Wind schlagen, doch auch deutlich ikonoklastischer gesinnte Menschen haben Ähnliches gesagt. Tatsächlich frisst die ständige passive Beschäftigung mit dem Bösen – wie sie insbesondere bei vielen Strenggläubigen vorkommt, die in ihrem Streben nach Frömmigkeit das Böse unbedingt meiden wollen und es gerade deshalb überall sehen – den Menschen unbewusst auf. Wie gelingt dies? So wie man einen Elefanten essen würde: Bissen für Bissen, Stück für Stück. Wir müssen nur das Leben derjenigen betrachten, die ständig vom Bösen reden, um zu erkennen, wie wahr dieser Satz ist.

In seinem Buch über merkwürdige und kuriose Anekdoten aus der Welt des Paranormalen, *Swimming Where Madmen Drown* (Schwimmen, wo Verrückte ertrinken), berichtet Robert Masters von seiner Erfahrung mit dem Bösen bei der Recherche zu einem Buch über Hexerei. Masters, der zusammen mit seiner Frau Jean Houston zu den führenden Köpfen des *Human Potential Movement* gehörte, schreibt, 1960 sei er für ein Jahr in die Nähe von White Rivers im Ozark-Gebirge in Arkansas gezogen, um zu recherchieren und zu schreiben. Das Buch, zu dem er recherchierte, war *Die teuflische Wollust: Sex und Satanismus.* Darin geht es um die sexualitätsfeindlichen Motive, die sich durch die mittelalterlichen Hexenprozesse ziehen. Masters behauptet, durch die Beschäftigung mit den grausamen und brutalen Inhalten dieses Stoffes hätten „mehrere Autoren, die über die Geschichte der Hexerei geschrieben haben, eine schwere klinische Depression erlitten".[40]

Anschließend beschreibt er eingehend die Vielfalt der Phänomene, die er selbst erlebt hat – Phänomene, die seiner Beobachtung nach identisch waren mit jenen, über die er im Zuge seiner Recherchen nachlas. Dazu gehörten unter anderem Skorpion-, Tausendfüßler- und Tarantel-Plagen. Außerdem tauchten auf dem Anwesen, in dem er wohnte, tote Vögel und andere verendete Tiere auf, überdies starben Bäume und Pflanzen ab, ein ausgetrocknetes Bachbett lief voll und trat plötzlich über die Ufer, und es gab Windstöße, die „Staubwirbel vor sich hertrieben, die eher wie das aussahen, was man sonst in der Wüste vorfindet. Insgesamt war es, als läge eine psychische Dunstglocke über dem Ort, und Freunde, die zu Besuch kamen, machten häufig Bemerkungen über die äußerst bedrückende Atmosphäre. ... Praktisch im selben Moment, in dem ich mein Buch abgeschlossen hatte, hörte das gesamte Spektrum der Phänomene auf. ... Ich bin noch etwa acht Monate dort geblieben, [und] sie sind nie wieder aufgetaucht."[41]

Masters sagt, seiner Meinung nach war dies „ein eindeutiges, komplexes und überzeugendes Beispiel für die Wechselwirkung zwischen Geist – und möglicherweise auch Seele – und Natur."[42]

Ähnliche Phänomene stellte auch Aleister Crowley fest, insbesondere bei seiner Erforschung der Klippoth oder dämonischen Kräfte der Kabbala.

Der bekannte Autor James Wasserman hatte selbst merkwürdige Erlebnisse mit ähnlich seltsamen Phänomenen, die er in seiner Autobiografie *In the Center of Fire: A Memoir of the Occult 1966-1989* näher beschreibt. Zusammen mit dem mysteriösen „Simon" und

Larry Barnes hatte Wasserman maßgeblich dazu beigetragen, dass bei Avon Books die Taschenbuch-Bestsellerausgabe des *Necronomicon* erscheinen konnte. Das *Necronomicon* ist ein fiktionales Werk über babylonische Magie aus der Feder von H. P. Lovecraft, einem der einflussreichsten und wichtigsten Fantasy- und Horror-Schriftsteller. Lovecrafts Erzählung zufolge wurde das *Necronomicon* im Jahr 730 u.Z. in Damaskus von dem „wahnsinnigen Araber" Abdul Alhazred verfasst. Übersetzungen davon sollen zu allen Zeiten durch die Hände großer Okkultisten gegangen sein, darunter auch John Dee. Im *Necronomicon* dreht sich alles darum, dass es angeblich die Geheimnisse eines uralten Kultes enthält, in dem „die Alten" verehrt wurden. (Diese *Alten* sind eine Rasse tentakelbewehrter Ungeheuer angeblich außerirdischer Herkunft.) Motive aus dem Umfeld des *Necronomicon* und dessen angeblicher Macht, alle wahnsinnig zu machen, die mit ihm in Berührung kommen, spielen eine wichtige Rolle in einigen der bekanntesten Erzählungen Lovecrafts. Außerdem hat es ein ganzes Genre beeinflusst und Eingang in zahlreiche Geschichten anderer Autoren gefunden sowie zu Nachahmungen beflügelt. Die „Simon-Ausgabe" des *Necronomicon* wurde seit ihrem ersten Erscheinen 1978 immer wieder neu aufgelegt.

> Was sollte die Herstellung des *Necro*[nomicon] für eine verrückte Zeit werden. Aus irgendeinem Grund vergoss praktisch jeder, der unser Loft betrat, Blut, … andere fügten sich bei kleinen Unfällen ständig Schnittverletzungen zu. Eines Abends erhielt ich dann einen verzweifelten Anruf von den Schriftsetzern in der unteren Etage. Ihr Loft war von Ratten überrannt worden, die durch die Wände brachen. … Der Tempel in meinem Loft hatte ein Vorhängeschloss an der Außentür, damit ich ihn als Privatsphäre für meine magische Arbeit versiegeln

> konnte. Am 4. Juli kamen Jane und ich von einem Abendessen mit anschließendem Feuerwerk zurück. Als wir durch die Tür zu unserem Loft traten, die mit einem schweren Polizeischloss verriegelt war, hatte ich ein ungutes Gefühl. … Ich entdeckte, dass meine Tempeltür offenstand, dass die Verriegelung aufgebrochen worden war, und zwar anscheinend von innen. … Sonst war in der Wohnung nicht das Geringste angerührt worden.[43]

Diese Beispiele sollen veranschaulichen, warum Tomberg behauptet, der Zweck der Tarotkarte *Der Teufel* sei nicht, die metaphysische Dimension des Bösen zu erklären (auch wenn er sich gegen Ende des Kapitels kurz auf diesen Pfad begibt), sondern vielmehr zu zeigen, wie Menschen ihre Freiheit an ein Wesen verlieren können, das sie selbst oder andere geschaffen haben – ein Wesen, das künstlich erschaffen wurde und dessen Schöpfer zu seinem Sklaven wird.

Er vergleicht diesen Prozess mit dem der Erschaffung eines Tulpa im Buddhismus. „Denn nach der Erfahrung, die er besaß, sah Eliphas Lévi in den Dämonen wie den Alben und Nachtmahren, in den Meistern Leonhards, die dem Hexensabbat vorstehen, und in den Dämonen der Besessenen nur Schöpfungen der menschlichen Einbildungskraft und des menschlichen Willens, die, individuell oder kollektiv, ihren Inhalt in die plastische Substanz des „Astrallichtes" projizieren und so Dämonen erzeugen – die also in Europa genau auf die gleiche Art erzeugt werden wie die tibetischen „Tulpas". …

Sowohl Eliphas Lévi als auch die tibetischen Meister sind nicht nur gleicher Ansicht was den subjektiven und psychogenen Ursprung der Dämonen betrifft, sondern auch bezüglich ihrer objektiven Existenz. Nachdem sie auf subjektive Weise erzeugt worden sind, werden sie zu Kräften, die unabhängig von der Subjektivität sind, die sie erzeugt hatte. Sie sind, mit anderen Worten, *magische Schöpfungen*, denn Magie ist die Vergegenständlichung dessen, was seinen Ursprung in der Subjektivität hat. Die Dämonen, die nicht das Stadium der Vergegenständlichung erreicht haben, also das Stadium einer vom seelischen Leben ihrer Eltern gesonderten Existenz, führen ein halbautonomes Dasein. Die moderne Psychologie bezeichnet sie als seelische „Komplexe".“[44]

Der Okkultist und Autor Israel Regardie war auch Aleister Crowleys Privatsekretär. In mehreren Büchern spricht Regardie über diese Auffassung vom Dämon als subjektivem psychischen Komplex. Zu diesem Thema herrscht allerdings erhebliche Uneinigkeit unter westlichen Okkultisten. Sie bestehen auf der dualistischen Natur magischer Praktiken, die mithin entweder subjektiver *oder* objektiver Natur sein müssen, übersehen dabei aber die Schnittstelle, an der diese Unterschiede einander überlappen, sowie die wesenhaft parasitäre Natur dieser Wesen. Für Tomberg ist ein Egregor ein kollektiver Dämon, dessen vorrangige Beispiele im 20. Jahrhundert in den politischen Bewegungen des Nationalsozialismus und des Kommunismus zu erkennen sind.

> Indessen ... wuchs das Gespenst [des Kommunismus] an Gestalt und Macht, erzeugt durch den Willen der Massen, geboren aus der Verzweiflung der „Industriellen Revolution" in Europa, genährt vom Ressentiment in den Massen, das während der Generationen angestaut war, ausgerüstet mit einer künstlichen Intellektualität, die die ins Gegenteil verkehrte Dialektik Hegels ist – dieses Gespenst wuchs ständig, indem es umging in Europa, dann auch in anderen Kontinenten. ... Heute schon ist ein Drittel der Menschheit dahin gebracht, sich vor diesem Gott zu neigen und ihm in allem zu gehorchen.

> … Denn für den Marxismus gibt es keinen Gott noch Götter – für ihn gibt es nur „Dämonen“ im Sinne von Geschöpfen des menschlichen Willens und der menschlichen Einbildungskraft. Das ist die grundlegende marxistische Lehre vom sogenannten „ideologischen Überbau“. Nach dieser Lehre ist es das wirtschaftliche Interesse, hier der *Wille*, der Ideologien mittels der *Einbildungskraft* erzeugt: religiöse, philosophische, soziale und politische. Alle Religionen sind also für den Marxismus nichts anderes als solche „ideologische Überbauten“, also dem menschlichen Willen und der menschlichen Einbildungskraft entsprungene Gebilde. Der Marxismus-Leninismus ist selbst nur ein ideologischer Überbau, ein Produkt intellektueller Einbildungskraft auf der Basis des Willens, die sozialen, politischen und kulturellen Dinge auf bestimmte Weise zu gestalten oder umzugestalten.
>
> Diese Methode des Hervorbringens ideologischer Überbauten auf der Basis des Willens ist genau das, was wir unter „kollektiver Erzeugung eines Egregors oder eines Dämons“ verstehen.[45]

Tomberg behauptet – und dies mag der Grund sein, weshalb er von der Römisch-Katholischen Kirche so gut aufgenommen wurde – dass es einen deutlichen Unterschied gibt zwischen dem „mystischen Leib Christi“ oder der „Ecclesia triumphans“ und dem Egregor der Kirche in der politischen Welt.

> Wenn es also bei einweihenden, religiösen und anderen Gemeinschaften Egregore gibt, so sind sie immer negativ. Der Egregor des Katholizismus zum Beispiel ist sein schmarotzender Doppelgänger (dessen Existenz zu leugnen vergeblich wäre),

> der sich in Fanatismus, Grausamkeit, diplomatischer Schläue und übertriebenen Ansprüchen manifestiert. Dagegen sind die Geister von *positiven* Gemeinschaften niemals Egregore, sondern vielmehr Wesen der zehn Hierarchien (zehn, weil die zehnte Hierarchie – die der Menschheit – mit inbegriffen ist). Es ist also eine menschliche Seele, ein Engel oder ein Erzengel, der die Aufgabe der Leitung einer menschlichen Gemeinschaft im positiven Sinn erfüllt. So ist es durchaus kein Egregor, sondern der heilige Franziskus selbst, der der geistige Leiter des Franziskaner-Ordens ist. Ebenso ist es bei der Kirche. Ihr leitender Geist ist Jesus Christus.[46]

Weiter sagt er: „Es gibt das WORT und es gibt Egregore, vor denen sich die Menschheit neigt: Die Offenbarung der göttlichen Wahrheit und die Manifestation des menschlichen Willens, den Gottesdienst und den Kult der Götzen, die von Menschen gemacht wurden. … Das WORT und die Götzen … wirken gleichzeitig in der Geschichte des menschlichen Geschlechtes."[47]

Dies erzeugt einen rasiermesserscharfen – und um es noch einmal zu betonen, *haarfeinen* – Unterschied zwischen der Auffassung von einem Egregor als universell böse, weil von der Menschheit erzeugt, und dem christlichen Glauben, *womit Tomberg die Römisch-Katholische Kirche meint*, als von Grund auf positiv, weil durch Christus von Gott erzeugt. Dieses Argument ist theologisch schlüssig, aber auch erkennbar subjektiv. Es unterscheidet sich in nichts vom Bedürfnis des Tibetischen Buddhismus, „die Erzählung zu kontrollieren", und seinem Versuch, jegliche Diskussion über den Buddhismus auf das hermetisch abgeriegelte und zirkuläre Bezugssystem des Tibetischen Buddhismus und der tibetischen Kultur zu begrenzen. Es ist zwar durchaus etwas Wahres daran, letztendlich aber hält es einer vernünftigen Überprüfung nicht stand und ist schlicht ein Glaubensartikel.

Die Ansicht, die Tomberg hier verritt, stellt uns vor einen unüberbrückbaren Dualismus von geradezu manichäischen Ausmaßen. Der Macht ihrer eigenen Schöpfungen – die ihrem Wesen nach böse sind – kann die Menschheit einzig und allein dadurch entgehen, dass sie sich Gott vollständig unterwirft. Offenbar heißt dies, wir sollen den „Egregor" annehmen, der „kein Egregor" ist.

Die halbwissenschaftliche metaphysisch verbrämte Erklärung dafür, dass alle Egregore böse sind, lautet:

> Um eine seelische oder „astrale" Wesenheit zu erzeugen, muss die seelische und mentale Energie, die Sie dafür aufwenden, *gerinnen* beziehungsweise *sich einrollen.* Eine Gestalt bildet sich nicht durch *Ausstrahlung*; sie bildet sich nur durch Gerinnung oder *Einrollung.* Nun strahlt das Gute immer aus, es rollt sich niemals ein. Es ist immer das Böse, das dies tut.
>
> Sie könnten keinen „Dämon der reinen Liebe" erzeugen und auch keinen „Egregor der universalen Liebe", weil der Wille und die Einbildungskraft von der zu diesem Zweck erforderlichen Qualität sich nicht als in sich selbst zentriertes Gebilde aufrechterhalten, sondern sich in einer strahlenden Bewegung mit der Welt der geistigen Hierarchien vereinigen würde.
>
> Die seelische und mentale Energie der Liebe würde niemals zu der Bildung einer individualisierten seelischen oder „astralen" Wesenheit Anlass geben; *sie würde sich sofort ganz den himmlischen Hierarchien, den Heiligen und Gott zur Verfügung stellen.*
>
> Man kann also wohl Dämonen erzeugen, aber keine künstlichen Engel.[48]

Allerdings erteilt Tomberg durchaus praktischen und erhellenden Rat, wie man es vermeidet, negative Kräfte zu erzeugen oder zu stärken:

> *Lasst uns schweigen.* … Schweigen – das ist mehr, als nur Dinge geheimhalten; das ist sogar mehr, als sich hüten, heilige Dinge zu profanieren, denen ein ehrfurchtsvolles Schweigen gebührt. *Schweigen ist vor allem das große magische Gebot, keine Dämonen zu erzeugen* durch die Willkür unseres Willens und unserer Einbildungskraft …
>
> Beschränken wir uns also auf die *Arbeit* [das Große Werk], auf konstruktive Beiträge zur Tradition – zur geistigen, christlichen, hermetischen und zur wissenschaftlichen *Tradition.* Suchen wir sie zu vertiefen, zu studieren, zu praktizieren und zu pflegen, arbeiten wir nicht um niederzureißen, sondern um aufzubauen. Reihen wir uns ein unter die Erbauer der großen Kathedrale der geistigen Tradition der Menschheit, und versuchen wir, dazu einen Beitrag zu leisten. Mögen die heiligen Schriften heilig für uns sein, mögen die Sakramente Sakramente für uns sein, möge die Hierarchie der geistigen Autorität Hierarchie der Autorität für uns sein, möge die „philosophia perennis" ebenso wie die *wahrhaft wissenschaftliche* Wissenschaft der Vergangenheit und der Gegenwart in uns Freunde haben und gegebenenfalls verehrungsvolle Mitarbeiter.
>
> Das ist, was das Gebot des *Schweigens* umfasst, das Gebot, keine Dämonen zu erzeugen.[49]

Wie Sadhu stellt auch Tomberg fest, dass physische Orte Ankerpunkte geistiger Kraft sein können. Allerdings unterscheidet er aufgrund theologischer Erwägungen zwischen Talismanen und den Sakramenten und behauptet, heilige Stätten, Reliquien und die Sakramente seien keine Talismane („Speicherplätze magischer Energie"), sondern vielmehr Pforten, durch die eine unerschöpfliche Energie strömt.

DESINFORMATION – DER TEUFEL HAT MICH DAZU GEBRACHT

Trotz seiner Behauptungen, die Metaphysik des Bösen nicht erörtern zu wollen, begibt sich Tomberg kurz auf Abwege und versucht, die Rolle des Bösen in der Welt zu erklären. Er spricht von den „Hierarchien zur Linken", jenen Wesen, die in der Kabbala häufig als *Klippoth* bezeichnet werden und von denen wir bereits gesprochen haben. Diese dämonischen Wesen sind das Gegenstück zur Hierarchie der Engel. Tomberg stellt sie in einen biblischen Kontext, etwa in Hiob, wo der Dämon dem Zweck dient, die Spiritualität des Menschen zu prüfen. Hier, so sagt er, zieht sich der Dämon erst dann zurück, wenn er von der Heiligkeit eines Menschen überzeugt ist. Im Gericht der Seele vor Gott agiert er sozusagen als *advocatus diaboli*, denn heilig ist man nur dann, „wenn das Gute und das Böse sich darüber einig geworden sind".

Die andere Rolle eines Dämons ist die, dass er kontrolliert und in den Dienst Gottes gestellt wird. Dies ähnelt der Geschichte von König Salomon, der Dämonen bändigt, damit sie den Tempel errichten, oder der Vorstellung im Tibetischen Buddhismus, wonach Padmasambhava Dämonen dazu verpflichtet, den Dharma zu schützen. Tombergs interessantestes Beispiel betrifft jedoch den dämonischen Einfluss als bloße Ablenkungsabsicht. „Es gibt auch Wesen der Hierarchie zur Linken, die anklagen, indem sie sich des Lächerlichen bedienen, des Schabernacks als Beweismittel für ihre Anklage. Eine Wesenheit, die zu der letzteren Kategorie gehört, ist in der westlichen

Welt bekannt. Es ist Mephistopheles, von dem Goethe ein erstaunlich exaktes Portrait gezeichnet hat. ... Das Lächerliche, dessen sich Mephistopheles bedient, hat einen ernsthaften Hintergrund: Er zieht vor allem eitle Ansprüche und Snobismus ins Lächerliche. Hier ein Beispiel: ...“[50]

An dieser Stelle erzählt Tomberg die Geschichte von Hugh Clayton Randall-Stevens. Er beschreibt ihn als Journalisten, der sich zur Ruhe gesetzt hat, finanziell abgesichert und spirituell gleichgültig ist und mit seiner Frau ein Leben der Muße führt. Bis er im Februar 1925 plötzlich „Botschaften“ von einem Wesen empfängt, das behauptet, es sei der ägyptische Gott Osiris. Osiris offenbart dem Journalisten die gesamte uralte Weisheit Ägyptens, die Archäologen erst noch zu entdecken hätten, was sie aber sicherlich eines Tages würden. Bald fängt Randall-Stevens an, Bilder zu zeichnen, obwohl er bisher noch nie gezeichnet hat. Der Stil ist schlicht und doch hochtrabend, es geht um den Kampf zwischen Gut und Böse, nicht ohne den obligatorischen Bezug zu Atlantis. Der Verlag Rider in London verlegt mehrere Bände dieses gechannelten Stoffs, und schließlich heißt es sogar, der arglose Überbringer der uralten Weisheit sei die Reinkarnation des Pharaos Echnaton.

Natürlich besteht Tomberg darauf, dass es sich hier nicht um Osiris, sondern um den Geist des Mephistopheles handelt „und die ganze Offenbarung nur ein Schabernack von ihm“ ist „für die ... Leichtgläubigen? – Nein: für die spirituellen Snobs.“ Die Bücher enthalten sogar eine Anmerkung ihres Autors, in der es heißt, dass sie nicht um ihrer Weisheit willen gelesen würden – denn davon gibt es darin wenig – sondern wegen der Art und Weise, wie ihr Inhalt übermittelt wurde, nämlich „auf außergewöhnlichem Wege“. Es ist das Fantastische, auf das die Menschen aus sind, nicht die Wahrheit.[51]

Spiritueller Snobismus ist ein schöner Begriff dafür, noch dazu einer, der sich in anderer Form auch in Joscelyn Godwins Buch *Atlantis: Der Ursprung der Zivilisation* findet, in dem sich der Autor länger über Randall-Stevens auslässt. „Die Warnung, dass unsere Kultur auf ihren bevorstehenden Untergang zusteuert, ist ein Lieblings-Refrain der Atlantis-Forscher. Für Menschen einer bestimmten Gesinnung, die Höhere Intelligenzen oft teilen, scheint die gegenwärtige Zeit immer am Rande einer Katastrophe zu stehen, weil alle Menschen so schlecht sind (außer natürlich der Autor und seine Leser)."[52]

Wenn wir uns einen Moment Zeit nehmen, entdecken wir hier etwas Tiefergehendes. Es ist nicht nur der Einzelne, der von der Suche nach innerem spirituellen Erwachen oder der Wahrheit abgelenkt wird. Nein, es ist jeder, der ein Buch voller solcher Banalitäten liest oder damit in Berührung kommt. Außerdem erkennen wir, dass das Böse nicht jeden zu kontrollieren braucht, es muss nur *den Richtigen* beeinflussen und durch diesen Einfluss die Menschen noch nicht einmal kontrollieren – sondern lediglich dafür sorgen, dass sie ständig abgelenkt werden. Genau dies spricht der angesehene britische Philosoph und Autor Colin Wilson in seinem Buch *Die Seelenfresser* an, ebenso auch der britische Okkultismus-Autor Gary Lachman in *A Secret History of Consciousness*. Doch mit Ausnahme von Lachmans Buch, das weitgehend Wilsons Prämisse wiederholt und diese in einen historischen Kontext stellt, haben sich wenige Autoren, die über das Paranormale schreiben, mit diesem kritischen Punkt auseinandergesetzt: Das Böse muss nicht alle kontrollieren, es muss bloß dafür sorgen, dass so viele Menschen wie möglich von weiteren Fortschritten auf dem Weg abgelenkt werden. Diese Ablenkung erfolgt in unterschiedlicher Form durch die Medien, durch individuelle elektronische Geräte, Videospiele, Filme, Fernsehen, Musik und Sport. Stupide politische Meme gehören im Moment zu den häufigsten Manifestationen. Dies bedeutet auch, dass die Hersteller und Händler dieser Medien und der für sie hergestellten Produkte die wichtigsten Kandidaten für eine dämonische Besessenheit sind. Wirkt man auf einen von *ihnen* ein, erreicht man *durch sie* Millionen.

TELEPATHIE UND BEWUSSTSEINSKONTROLLE DURCH DIE MEDIEN

Es sollte nicht überraschen, dass in den 1930er Jahren, als Rundfunkmedien für die Massen noch relativ in den Anfängen steckten, sowohl die BBC als auch die NBC über ihre Radiosender mehrere Massen-Telepathie-Tests durchführten. NBC arbeitete dazu mit der *Zenith Radio Corporation* zusammen, und in diesem Zusammenhang wurden die Original „Zener-Karten" (das gebräuchlichste Hilfsmittel zum Testen medialer Fähigkeiten) an die Öffentlichkeit ausgegeben. Zener-Karten bestehen aus einem Satz von fünfundzwanzig Karten mit insgesamt fünf Symbolen: Kreis, Kreuz bzw. Pluszeichen, drei Wellenlinien, Quadrat und fünfzackiger Stern. Sie wurden in den 1930er Jahren von dem Psychologen Karl Zener (1903-1964) in Zusammenarbeit mit J. B. Rhine für Experimente in der parapsychologischen Forschung entwickelt. Die Karten wurden als Werbemittel an die Läden und Reparaturannahmestellen des Herstellers Zenith geschickt und waren außerdem in den überall verbreiteten kleinen Billigkaufhäusern günstig zu erwerben. Die Karten waren so beliebt, dass die erste Auflage nach zwei Wochen ausverkauft war und nachgedruckt werden musste.

Auf dem Gebiet der Telepathie-Forschung arbeitete insbesondere der amerikanische Botaniker und Begründer der Parapsychologie J.B. Rhine (1895-1980). Er gründete das *Rhine Research Center* auf dem Campus der Duke University in Durham, North Carolina. Das *Rhine Research Center* ist ein unabhängiges Zentrum für parapsychologische Forschung. Es ist die Nachfolgeorganisation des *Parapsychology Laboratory* an der Duke University und wahrscheinlich die älteste Einrichtung ihrer Art. Rhine gründete es 1965 nach seiner Emeritierung von der Duke University, zunächst unter der Bezeichnung *Foundation for Research on the Nature of Man and the Institute for Parapsychology*. Im Gegensatz zum *Parapsychology Laboratory* ist das *Rhine Research Center* nicht an die Duke University angeschlossen. In seinem Buch *Die Reichweite des menschlichen Geistes* bestätigt Rhine die telepathischen Experimente, die die *Zenith Corporation* in den 1920er und 1930er Jahren wiederholt durchgeführt hat.

> In den 1920ern stieg das Interesse an Telepathie jedoch beträchtlich. Dieser Anstieg verlief parallel zu einer ähnlichen Zunahme des öffentlichen Interesses am Spiritualismus und wurde zweifellos davon beeinflusst. Die ungeheuren Verluste an Menschenleben und die damit verbundene große Trauer, die während des Ersten Weltkriegs eingetreten waren, hatten im Verbund mit den nachfolgenden Unsicherheiten und der Werteverschiebung zweifellos dazu geführt, dass sich das Denken der Menschen für Kräfte jenseits des wissenschaftlichen Erkenntnishorizonts öffnete. Zahllose Männer und Frauen verspürten ein Bedürfnis nach mehr als rein physikalischen Erklärungen für Leben und Tod. 1923 wurde über den Radiosender der Chicagoer Firma Zenith ein Massenexperiment mit Telepathie durchgeführt, und kurz danach veranstaltete die *British Broadcasting Corporation* ein weiteres. Ein wenig später veröffentlichte das Wissenschaftsmagazin *Scientific American* einen Telepathie-Selbsttest, und

auch in zahlreichen weiteren Erscheinungsformen kam das öffentliche Interesse zum Ausdruck.[53]

In einer im März 1938 veröffentlichten Broschüre mit dem Titel *What Well Known Scientists Say about Telepathy* (Was bekannte Wissenschaftler über Telepathie sagen), schrieb E. F. McDonald jun., der Präsident der *Zenith Radio Corporation*:

> Diese Broschüre ist in diesem großen Forschungsabenteuer als ein erster Bericht der Zenith Foundation an ihre Partner gedacht. Zwar muss sie notwendigerweise unvollständig bleiben, doch hält sie in dauerhafter Form ein wenig vom besten und wissenschaftlich fundiertesten modernen Denken über dieses Thema fest. Wichtiger noch als ihr Beitrag zum Fundus wissenschaftlicher Informationen über das Thema geistige Phänomene ist aber, dass diese Sendereihe das gesamte Thema aus der Schmuddelecke der Vorurteile ans helle Licht ernsthafter Auseinandersetzung unter Millionen Menschen geholt hat. Ich möchte den vielen Wissenschaftlern, Pädagogen und anderen Rednern, die in den Sendungen von Zenith aufgetreten sind, für die Erlaubnis zum Nachdruck ihrer Interviews danken. Meine Wertschätzung möchte ich auch den Hunderttausenden aussprechen, die an Zeniths Telepathie-Tests teilgenommen, und den vielen Tausend Zuhörerinnen und Zuhörern, die uns ihre Erfahrungsberichte zugesandt haben.[54]

Die vorläufigen Schlussfolgerunen aus den Experimenten, die dreißig Wochen andauerten, wurden gesammelt und in der Broschüre wie folgt zusammengefasst:

- Telepathie funktioniert am besten, wenn starke Gefühle beteiligt sind.
- Telepathische Fähigkeiten schwanken von Mensch zu Mensch und von Zeit zu Zeit.
- Physische Entfernungen beeinflussen die telepathische Kommunikation nicht.
- Telepathische Kommunikation wird am häufigsten zwischen blutsverwandten oder durch eine Liebesbeziehung verbundenen Menschen erlebt.
- Zeit spielt beim Ausüben oder Erleben von Telepathie keine Rolle.
- Alter spielt beim Ausüben oder Erleben von Telepathie keine Rolle.

Die statistischen Ergebnisse beruhten auf einer Viertelmillion Antworten, wobei die vorläufigen Resultate zeigten, dass einige Testergebnisse eine Zufallswahrscheinlichkeit von eins zu zehn Trillionen (eine Trillion ist eine Eins mit 18 Nullen) hatten. Weiter heißt es in dem Bericht: „Wichtiger als nackte Zahlen sind jedoch die wiederholten Aussagen der erfolgreichen Männer und Frauen in den Sendungen der Zenith Foundation, die ihren Erfolg dem bewussten oder unbewussten Einsatz noch wenig bekannter geistiger Kräfte zuschreiben. ... Wir müssen nicht warten, bis die Wissenschaft diese Kräfte erklären kann, sondern wir können sie bereits jetzt im Alltag anwenden, rein dadurch, dass wir den Vorahnungen und Impulsen folgen, die zu unserem Glück und Erfolg beitragen."[55]

Dr. Rhines Bücher, darunter *Neuland der Seele*, waren auf der Karte mit der Spielanleitung aufgeführt, ebenso die teilnehmenden Radiosender sowie Datum und Uhrzeit. Sein Werk wird hier mit Absicht zitiert, denn seine Untersuchungen haben ihn wie nur wenige andere zum Inbegriff der parapsychologischen Forschung gemacht. Außerdem wurden sie bereits vor über fünfzig Jahren durchgeführt – womit hier nachgewiesen werden soll, dass die breite Öffentlichkeit trotz ausführlicher Beweise für übersinnliche Phänomene und Fähigkeiten nicht aufgrund „wissenschaftlicher Nachweise" oder statistischer Belege daran glaubt, sondern aufgrund persönlicher Erfahrung.

Doch trotz der äußerst umfangreichen Forschung, die seit diesen über ein halbes Jahrhundert alten öffentlichen Experimenten unternommen wurde, zeigt die wissenschaftliche Gemeinschaft als Ganzes keinerlei Interesse an der Parapsychologie, ja noch nicht einmal Zutrauen zu den Untersuchungen, die ihre eigenen Mitglieder vornehmen. Diese Beobachtungen sollten beweisen, dass die Wahrnehmung von oder Teilnahme an übersinnlichen Phänomenen, zumindest aktuell, in erster Linie eine intime und persönliche Erfahrung ist und jeder Wissenschaftler, der sich mit der Erforschung des Übersinnlichen befasst, entgegen Dr. Rhines optimistischer Ansichten damit immer noch sein professionelles Ansehen und seine Karriere gefährdet.

AMBELAIN UND DER MARTINISMUS

Robert Ambelain (1907-1997) war ein französischer Essayist und Autor von zweiundvierzig Büchern, wobei einige unter dem Pseudonym Aurifer erschienen sind. Er war führendes Mitglied mehrerer martinistischer Gemeinschaften und beschäftigte sich intensiv mit der esoterischen Freimaurerei. So war er von 1960 bis 1985 Großmeister des Ordens *Memphis Misraïm* sowie ab 1946 Bischof der *Gnostisch-universellen Kirche.* Selbst während der Besetzung Frankreichs durch Nazi-Deutschland von 1940 bis 1945 organisierte er unermüdlich esoterische Bewegungen im französischen In- und Ausland. Er schieb über alle Gebiete esoterischer Geschichte, Theorie und Praxis.

Ambelains zahlreiche Verbindungen verschafften ihm direkte Kenntnisse über Aufbau, Erhalt und Auflösung von Egregoren. Aufgrund seiner Expertise auf diesem Gebiet zitieren ihn sowohl Sadhu als auch Tomberg in ihren Werken ausführlich. Der folgende Ausschnitt stammt aus seinem Buch *La Kabbale pratique* (von dem es eine englische Übersetzung durch Piers A. Vaughan zum privaten Gebrauch gibt).

Mit dem Namen Egregor bezeichnen wir eine Kraft, die durch eine starke geistige Strömung erzeugt und danach in regelmäßigen, einem Rhythmus in Harmonie mit dem Universellen Leben des Kosmos folgenden Abständen genährt wird, oder eine Zusammenkunft von Wesen, die ein gemeinsames Merkmal eint.

Im Unsichtbaren, außerhalb der physischen Wahrnehmung des Menschen, existieren künstliche Wesen, die durch Hingabe, Begeisterung oder Fanatismus erzeugt werden und die wir Egregore nennen. Sie sind die Seele der großen geistigen Strömungen, der guten wie der bösen. *Mystische Kirche*, *Himmlisches Jerusalem*, *Leib Christi* und alle diese Synonyme sind die Bezeichnungen, die dem Egregor des Katholizismus üblicherweise gegeben werden. Freimaurerei, Protestantismus, Islam und Buddhismus sind Egregore. Die großen politischen Ideologien ebenfalls.

Durch rituelle Einweihung oder durch intellektuelle Anhängerschaft psychisch in eine dieser Strömungen aufgenommen, *wird der Anhänger zu einer ihrer konstitutiven Zellen. Durch die Qualitäten oder Fehler, die er besitzt, verstärkt er die Macht des Egregors, und im Austausch dafür schirmt ihn der Egregor von den äußeren Kräften der physischen Welt ab und verstärkt*

> *die geringen Handlungsmöglichkeiten des beitretenden Menschen durch die gesamte bisher gespeicherte kollektive Kraft.* (Hervorhebung des Autors) Der Volksmund bezeichnet den Egregor instinktiv als „Zirkel" und bringt damit intuitiv die Vorstellung von einem Kreislauf zum Ausdruck. Zwischen der konstitutiven Zelle und dem Egregor – das heißt, zwischen dem Mitglied und der Gruppe – entsteht dadurch also eine Art innere psychische Zirkulation.
>
> *Dies erklärt, warum Gegner eines solchen Konzepts, nachdem sie dessen Ursprung, sein Wesen und Leben untersucht haben, sich ihm am Ende häufig anschließen oder zumindest teilweise seine Theorien vertreten, oft sogar unwissentlich. Sie haben sich mit einer Strömung verknüpft, die sie, da sie stärker ist als die, mit der sie ursprünglich verbunden waren, unmerklich von dem Weg abbringt, dem sie zu folgen glaubten.* (Hervorhebung des Autors) Wären sie ohne jede andere Mitgliedschaft, so wäre diese Wirkung nur umso brutaler und stärker.[56]

Ambelain zufolge wird die Bildung eines Egregors in den *Geistlichen Übungen* des Ignatius von Loyola, des Gründers des Jesuitenordens, beschrieben. Außerdem ist zu betonen, dass Egregore durch Rituale belebt werden und daher nur menschliche Vereinigungen sie bilden können. Die logische Folge ist, dass die Vernichtung eines Egregors mit „dem Feuertod seiner lebenden Mitglieder" und der Zerstörung seiner Rituale und Kultrequisiten sehr rasch zu bewerkstelligen ist. Ohne diese materiellen Stützen und die emotional-psychische Energie, die sie liefern, verkümmert und stirbt der astrale Egregor. Die Verbrennung ist erforderlich, damit kein Blut, das Medium okkulter Vitalität („das Leben ist im Blut"), vergossen wird, insbesondere nicht in rituellem Rahmen.

Weil man aber bei freiwilligem Ausscheiden oder Exkommunikation eine tiefgreifende Gegenreaktion erleben kann, rät Ambelain, vorübergehend bei einer „gleichwertigen, aber entgegengesetzten Macht" Zuflucht zu suchen. Genau wie physische Verbände aufgrund ihrer Mitglieder bestehen, bestehen Egregore aufgrund der Wesenheiten, die sie auf der Astralebene anziehen. Die Macht, diese Wesenheiten anzuziehen, sich zu verpflichten und an sich zu binden, ist eine unmittelbare Folge der Rituale und Opfer, die die irdischen Anhänger der Egregore für diese vollziehen. Noch einmal, alle Egregore existieren auf drei Ebenen: Auf der materiellen, der astralen und der himmlischen Ebene.

Aus diesem Grund wirkt sich jede Unterbrechung eines Rituals zugleich auch störend auf die Vitalität des Egregors aus. Daher können Rituale nach einer gewissen Zeit nicht mehr verändert werden, ohne den Egregor zu schwächen, wodurch Geheimhaltung umso wichtiger wird. Rituale aus „geheimen Namen, Worten und Formeln ... um den Egregor zu erwecken und zu festigen" werden auch an bestimmten astrologischen Ereignissen ausgerichtet, um sie mit himmlischen und kosmischen Zyklen zu koordinieren. Es ist kein Zufall, dass Rituale zu den Sonnenwenden und Tagundnachtgleichen in vielen Organisationen eine so wichtige Rolle spielen. In größeren Bewegungen liefert bereits die Masse der „Gläubigen" eine gewisse Menge an vitaler Kraft, doch diese ist passiv. Die aktive Qualität und Quantität der Energie kommt von den Fähigsten und Engagiertesten ihrer Praxis. Deshalb kann es trotz aller gegenteiligen Behauptungen in einer okkulten – wie übrigens auch in jeder spirituellen – Bewegung kein Gleichheitsprinzip geben, weil die Führung oder der „innere Kreis" dafür zuständig ist, den Egregor zu erhalten und zu leiten.

Patrick Zalewski, der bekannte Adept, von dem wir bereits an früherer Stelle gesprochen haben, hat Bildung, Wachstum und sogar Veränderung eines Egregors anhand der Metapher einer Honigwabe beschrieben. In einem persönlichen Schriftwechsel mit dem Autor schreibt er:

> Denken Sie sich ein Ritual oder eine Glaubensform, die innerhalb ihrer Grenzen bestimmte zentrale Bestandteile umfasst und deren Unterstützungsmechanismen man sich als das Innere eines Bienenstocks oder einer Honigwabe mit ihren zahlreichen Einzelzellen vorstellen kann. Zwar kann es durchaus zu Zellteilungen oder sogar Veränderungen kommen, doch solange die Kernprinzipien gewahrt werden, bleibt der Egregor derselbe und wird lediglich etwas nachjustiert. Es gibt jedoch einen Kipppunkt, und sobald dieser erreicht ist, verändert sich etwas und wird zu etwas anderem. Im System des *Golden Dawn* sind dies beispielsweise die unterschiedlichen Buchstaben auf den Henochischen Tafeln. Die Tafeln funktionieren sogar mit den verschiedenen Abwandlungen der Buchstaben. Dieses Prinzip kann man auch auf das Ritual im Allgemeinen übertragen. Es ist eine Frage des Maßes der verglichenen Veränderung – ist sie gering, macht dies nichts, ist sie erheblich, nun ja, dann macht es sehr wohl etwas![57]

Auf einer psychischen Ebene sind Egregore anthropomorphisierte Bilder des jeweiligen Konzepts. Frieden, Krieg, Liebe, Reichtum und Nation sind zum Beispiel alles bloß Ideen, die durch Visualisierung erzeugt, durch regelmäßige ritualisierte Emotion belebt und schließlich durch ein bestimmtes Zeichen oder Symbol konkretisiert werden. Diese Zeichen oder Symbole unterscheiden sich in nichts vom Logo eines Unternehmens, einer Marke oder eines Produkts, die selbst wiederum schwächere oder stärkere Egregore sind. Genau wie das Logo als eine Art rechtlicher Schutz für das Unternehmen und seine Mitarbeitenden fungiert, die für eine gemeinsame Sache zusammenarbeiten, fungiert auch das *Sigillum* (magische Zeichen oder Siegel) eines Egregors als identifikationsstiftende, leitende und schützende Kraft für seine Mitglieder.

Doch diese Beziehung währt nicht ewig. Egregore, die bereits seit Längerem bestehen, werden selbstständig und gehorchen ihren irdischen Herren nicht mehr. Ein Egregor kann leicht zum „grimmigen Tyrannen" werden und dafür sorgen, dass die mit ihm verbundene Organisation oder Bewegung von ihrem ursprünglichen Ziel abrückt. Um einen Egregor zu besiegen, muss man ihn daher zunächst anrufen. Dies mag erklären, warum manche esoterische Gruppen eine festgelegte Lebensdauer oder ein „Verfallsdatum" haben (wie etwa die Rosenkreuzer mit dem Zyklus des „Öffnens" und „Schließens" des Gewölbes). Der Egregor mag ein essenzieller Mechanismus oder ein wichtiges Instrument sein; damit die Bewegung aber die Kontrolle über ihren Egregor behält und die Kontinuität ihres Auftrags gewahrt bleibt, muss dieser Phasen der Aktivität und der Ruhe durchlaufen, wie dies auch beim Menschen der Fall ist.

Zusammenfassend lässt sich sagen, dass der Aufbau eines Egregors derselbe ist wie bei allen magischen Operationen, bei denen eine Wirkung in der materiellen Welt erwünscht ist. Dabei werden regelmäßig in ritueller Weise Räucherwerk, Zeichen und Symbole, die Visualisierung konkreter Bilder, die Bildung „magischer Ketten" und eine durch emotionale Wünsche verstärkte geistige Strömung eingesetzt. Zwar versorgt die Mitgliederzahl einen Egregor mit einem gewissen Grad an physischem Leben, aber erst die regelmäßige und kundige Ausführung seiner Rituale in Verbindung mit der spirituellen Einheit seiner Mitglieder verleiht ihm seine Stärke. Deshalb muss so weit wie möglich Geheimhaltung gewahrt werden und diejenigen, die von ihm wissen, der jeweiligen Gruppe aber nicht angehören, müssen dem

Egregor Wohlwollen, Bestätigung und sogar passive Unterstützung entgegenbringen.

Warum allgemeines Wohlwollen oder zumindest Neutralität gegenüber einem Egregor notwendig ist, wird am ehesten verständlich, wenn wir sehen, wie Egregore auf der Astralebene aufeinander einwirken. Am stärksten ist diese gegenseitige Einwirkung zwischen Ländern, Religionen, politischen Parteien oder allen anderen Bereichen, in denen direkter Wettbewerb herrscht. Der französische Mystiker Paul Sédir beschreibt den Kampf zwischen Egregoren. Der folgende Auszug aus Sédirs Buch *Aufbruch* ist ein Gespräch zwischen dem Arzt, der nach okkultem Wissen strebt, und Andreas, der über dieses Wissen verfügt. Zuerst spricht Andreas.

> „Große geschichtliche Katastrophen haben, wie Sie sicher schon wissen, fast immer ähnlich belanglose Ursachen gehabt. Diesen muss man daher seine Aufmerksamkeit schenken, wenn man die Möglichkeit hat, einigermaßen wirksam einzugreifen. Wir Franzosen haben wohl mehr als irgendjemand das Recht und die Pflicht, unser Land mit aller Kraft und Hingabe zu lieben. Wenn Du, mein Doktor, ein wenig Klarheit über die Wirkungen aus dem Unsichtbaren gewonnen hast, weißt du ja, wie viel Licht und edle Schönheit unserem Europa durch Frankreich zugeflossen ist, trotz aller Torheiten seiner Söhne und aller Fehlhandlungen seiner Fürsten. … Undankbarkeit ist nicht nur eine Erbkrankheit bei den Menschen. Auch die Individuen, die der wortgewaltige Eliphas Lévi „die Außergewöhnlichen [Egrégores] jeder Nation“ nennt, haben diesen Fehler. Nun, die Außergewöhnlichen der anderen Völker sind natürlich dem Unseren nicht grün; im Gegenteil, sie würden ihn am liebsten mundtot machen und umbringen, um sich an seinem

abgezogenen Fell zu bereichern. Und der *Widersacher*, der auf jede Chance zur Zwietracht lauert, hilft ihnen nach Kräften. Jetzt haben sie in den drei erwähnten Personen den prächtigsten Nährboden gefunden: Alle drei kennen weder Vaterland noch Religion, ihr Gott sind sie selber; und die Unsichtbaren haben sich nun die Lüste jener drei Wesen zunutze gemacht, schon weil sie die mächtigsten Hebel des Gesellschaftslebens in der Hand halten, um unser Land vollständig zu ruinieren."

„Ich fange an zu begreifen. Aber ich möchte nicht indiskret sein – haben Sie die Absicht, in diese Verbindung einzugreifen?"

„Ganz gewiss, mein Freund. Muss ich es denn nicht, wenn mich die *Vorsehung* mit den Mitteln dazu ausgestattet hat?""[58]

DIE POLITIK UND DAS OKKULTE

Die Frage nach der Rolle der Egregore in der Politik klingt auch in Gary Lachmans Buch *Politics and the Occult: The Left, the Right and the Radically Unseen* an. Wie Lachman bei seinem kleinen Ausflug in die Welt der Egregore betont, gibt es – auch wenn keine geistige Kraft am Werk ist – eine merkwürdige Inanspruchnahme des Gruppenbewusstseins, die zum Guten wie zum Schlechten erfolgen kann. In dieser Hinsicht zitiert Lachman den deutsch-schweizerischen Philosophen, Schriftsteller und Übersetzer Jean Gebser und seine „magische Bewusstseinsstruktur", die aus der Verbundenheit aller Lebewesen sowie bestimmten Ausdrucksformen des Gruppenbewusstseins besteht. Lachman weist darauf hin, dass dieser kollektive „Schatten" oder „Egregor" sich auch in Form fiktiver Werke ausdrücken kann, wie der englische Romancier, Lyriker, Dramatiker und Politiker Edward Bulwer-Lytton (1803-1873) in seinem okkulten Roman *Zano-*

ni und auch im richtigen Leben bewiesen hat. Lachman zitiert den amerikanischen Historiker und Gesellschaftskritiker Morris Berman, der vor allem durch sein Buch *Wiederverzauberung der Welt* bekannt ist: „Die langsame Anhäufung ausreichender psychischer und somatischer Veränderungen auf einer unsichtbaren Ebene kann dazu führen, dass eine ganze Kultur schließlich sehr gravierende Veränderungen erfährt."[59]

Diese merkwürdige geistige Kraft der Gruppe wird durch verschiedene Vereinigungen bewusst erzeugt und kultiviert. Während sie bei politischen und religiösen Vereinigungen am leichtesten zu erkennen sind – sowie esoterische und okkulte Bewegungen Existenz und Macht ihrer Egregore am lautesten hinausposaunen – beobachten wir in unserer von Medien beherrschten Welt, dass das Marketing und Branding (Markenentwicklung) von Prominenten sowie die generationenübergreifende Vermarktung von Fernseh- und Filmfiguren ebenfalls Egregore haben. Sie können sogar aus kleineren Einheiten bestehen, doch diese tragen alle zum größeren Ideal oder zur kollektiven Wesenheit bei.

Das *Human Potential Movement* der 1960er und 1970er Jahre, das sich dann zur New-Age-Bewegung wandeln sollte, hatte unter seinen vielfältigen Anhängern auch jene, die sich aktiv um die Erzeugung von Gedankenformen und sogar „beseelten" Egregoren bemühten, was für sie zum Auftrag der Bewegung gehörte. Selbstverständlich sollte dies alles nur der Herbeiführung einer erleuchteteren Zeit und erleuchteterer Führungspersönlichkeiten dienen – aber „erleuchteter" nach wessen Maßstab?

4

Die Pop-Kultur und ihre Egregore

JEAN DUBUIS, UFOS, FENG SHUI UND SLENDERMAN

In den 1990er Jahren hielt Jean Dubuis (1919-2010), der Gründer der französischen alchemistischen Vereinigung *Philosophes de la Nature*, häufig Vorträge über das Thema Egregore. Für Dubuis war der Egregor, der Gruppengeist oder die Gruppenseele, viel zu oft eine Falle statt ein Kanal zur Befreiung. Hinter den erwünschten Manifestationen verbargen sich persönliche Absichten, die die emotionale Energie der Gruppe nutzten, um zu erreichen, was einer allein nicht vermochte – und dies alles mit Wissen oder Zustimmung der Gruppe. Dies war nicht auf esoterische oder magische Kreise beschränkt, sondern schloss auch Politik, Wirtschaft, Militär und religiöse Organisationen ein. Aus diesem Grund trat Dubuis dafür ein, dass man seinen Weg alleine geht, damit die äußeren Einflüsse minimiert werden können, bis man in der Lage ist, effektiv mit ihnen umzugehen und sie mehr oder weniger wirkungslos zu machen.

In dieser Zeit verwendete Dubuis häufig das Beispiel einer Gruppe, die in der Schweiz arbeitete und deren Obsession unbekannte Flugobjekte (UFOs) waren. Seiner Auffassung nach handelte es sich dabei um das Bemühen, eine Gedankenform zu erschaffen, die sich materialisieren sollte, damit die Anführer der Gruppe die Rolle des „Mittlers zwischen den Planeten" einnehmen und dabei ein erhebliches Maß an politischer Kontrolle erlangen könnten, die, mit seinen Worten, „schlimmer wäre als Hitler". Da Dubuis die Besetzung Frankreichs durch Nazideutschland zwischen 1940 und 1945 erlebt hatte, war dies kein leeres Gerede und nicht überspitzt formuliert. Zu diesem Zweck zitierte er seinen französischen Landsmann, den Wissenschaftler, Hermetiker, Risikokapitalgeber und Autor mehrerer Bestseller über UFOs, Jacques Vallée.

Vallée ist berühmt als die Inspiration zu und der technische Kopf hinter Steven Spielbergs Film *Unheimliche Begegnung der dritten Art* und anerkannt für seine wissenschaftliche Erforschung des UFO-Phänomens. Suchte er zu Beginn seiner Forschung nach einer außerirdischen Herkunft von UFOs, so kam er letztendlich zu dem Schluss, dass sie interdimensionale Wesen sind. In seinem dritten Buch *Passport to Magonia: From Folklore to Flying Saucers* sind diese Forschungen ausführlich dargestellt.

Außerdem vertrat er die Auffassung, dass UFO-Phänomene viele Facetten haben, darunter auch die Manipulation der Sichtungen – seien sie nun echt, falsch oder erfunden – durch staatliche und nichtstaatliche Stellen, in der Absicht, den Glauben an wohlwollende „Brüder aus dem Weltraum", wie manche Sekten sie bezeichnet haben, zu erzeugen. Wie die „Unbekannten Höheren Wesen", also jene erleuchteten Wesenheiten, die die Menschheit führen (und von denen in Kapitel Zwei die Rede war), sprachen auch diese Weltraum-Brüder offenbar immer durch „erwählte Vertreter", die dann einen angeblichen Weltuntergang voraussagten, der über die Menschheit hereinbrechen und zu einem Massensterben führen würde – mit Ausnahme der Auserwählten.

Diese Botschaft kam bei Vallée nicht gut an; denn vielleicht waren ja die Brüder aus dem Weltraum und ihre selbsternannten Vertreter gar nicht so wohlwollend.

Dubuis referierte aber nicht nur Vallées Ansichten, sondern berichtete auch, er sei von einer magischen Gruppe auf den Kanalinseln angesprochen worden, die ihn eingeladen habe, mit ihnen zusammenzuarbeiten in dem Bemühen, den Egregor des Islams zu zerstören oder zumindest zu schwächen. Dies war fünf Jahre vor den terroristischen Angriffen vom 11. September in New York und dem anschließenden „Krieg gegen den Terror". Dubuis lehnte das Angebot mit der Bemerkung ab, er habe anderes zu tun.

Was hat dies alles mit Slenderman zu tun, jener fiktiven Figur, die angeblich Kinder entführt und kurzfristig als neue Schreckensgestalt in der Welt dargestellt wurde? Durch Anwendung der magischen Methode des Egregors – „was ich alleine nicht vermag, können viele andere für mich tun" – und indem man sich die psychisch-sexuell-emotionale Energie von Millionen Jugendlichen in und kurz vor der Pubertät zunutze machte, entstand ein wahres Buffet psychischer Energie, man musste nur noch zugreifen.

Auf die beeindruckende Fähigkeit von Kindern und Jugendlichen, kollektive Ergebnisse zu beeinflussen oder sogar vorherzusehen, geht Dr. Baolin Wu in seinem Werk (mit Jessica Eckstein) *Lighting the Eye of the Dragon: Inner Secrets of Taoist Feng Shui* ausführlich ein.

> 1966, kurz vor Beginn der Kulturrevolution, nahm Dr. Wus Lehrer, Meister Du, ihn beiseite und sagte, China werde sich schon bald mitten in einer Revolution befinden. Dr. Wu fragte seinen Lehrer, woher er dies wissen könne. Seine Antwort lautete: „Das gehört zum I Ging. Man kann Dinge vorhersagen." Meister Du fragte seinen Schüler, was er am Morgen auf dem

> Weg zur Schule gesehen habe. Der junge Dr. Wu antwortete, eine Gruppe von Kindern habe mit einem Kreisel gespielt, einem üblichen Spielzeug auf den Straßen Pekings. Sie hätten ihn mit einer Schnur gepeitscht, damit er sich immer weiterdrehte. Meister Du erklärte, die Art und Weise, wie der Kreisel mit Peitschenschlägen angetrieben werde, entspreche der Art, wie man Menschen auspeitscht, wie man Menschen einfängt; dies sei ein Zeichen. Es ist der himmlische Wille, uns im Voraus auf alles hinzuweisen, was geschehen wird, ob wir dies erkennen oder nicht. Das Studium des Feng Shui und des I Ging ist ein Versuch, diese Botschaften im Vorhinein zu erkennen. ... Kinder als Repräsentanten unseres kollektiven Unbewussten zu achten, ist eine wertvolle Lektion. ... Was oder womit ein Kind spielt, zeigt, was ein Volk aufbaut oder entwickelt.[60]

Die grundlegende Prämisse von Psychotherapie, psychospirituellen Praktiken, Hypnose und zahllosen staatlich finanzierten Experimenten mit Bewusstseinskontrolle lautet, dass wir Dinge, denen wir ausgesetzt sind, sehr häufig mit der Zeit bejahen. Worauf wir uns konzentrieren, das werden wir. Wenn wir also in einer Welt des Friedens, der Gesundheit und des allgemeinen Wohlbefindens leben wollen, dann müssen unsere Kinder ihre Aufmerksamkeit genau darauf richten und nicht auf eine Welt voller Psychoterror und Massengewalt – oder auf die übliche Kost der Unterhaltungs- und Nachrichtenbranche.*

---

* Ein ausgesprochen wertvoller Hinweis in Zeiten von „Corona"! (Anm. d. Vlg.)

REVOLTE GEGEN DIE MODERNE WELT

Von Julius Evola

Revolte gegen die moderne Welt (oder *Erhebung wider die moderne Welt*, so der Titel der Erstausgabe), ist Julius Evolas Opus Magnum. Ausführlich legt er darin seine Ansichten über den geistigen Zustand der Welt in ihrem Verhältnis zur klassischen Philosophie dar. Der Traditionalismus betrachtet, wie der Name schon sagt, moderne Ideale bestenfalls als oberflächlich, zumeist jedoch als falsch und dem wahren geistigen Ideal, das die klassischen Gesellschaften hochhielten, zuwiderlaufend. Angesichts der gegenwärtigen Lage der Menschheit mit ihrem blanken Materialismus, ihrer Oberflächlichkeit und sogar falschen Einweihungsschulen gilt nur der Einzelne als dazu fähig, diese klassischen geistigen Ideale und die ihnen innewohnende transformative Kraft zu verwirklichen.

Die Möglichkeiten, die in der Letztzeit noch offenstehen, betreffen nur eine Minderheit und können wie folgt unterschieden werden:

Am Rande der großen Weltströmungen gibt es noch Menschen, die in den „unbeweglichen Landen" verankert sind. Es handelt sich in der Regel um Unbekannte, die sich aus den Nichtigkeiten der Berühmtheit und der modernen Zivilisation heraushalten. Sie verteidigen die Gipfellinien und gehören nicht dieser Welt an. Wenn sie auch in der Welt verstreut leben und häufig nichts voneinander wissen, sind sie doch unsichtbar vereint und bilden eine unzerreißbare Kette im Geist der Tradition. Dieser innerste Kern handelt nicht: Er hat nur die Aufgabe, der die Symbolik des „ewigen Feuers" entspricht. Dank ihm ist die Tradition trotz allem gegenwärtig, brennt die

> Flamme unsichtbar, und etwas verbindet diese Welt immer mit der Überwelt. Sie sind die „Wachenden", die ἐγρήγοροι. [*Egregoroi*, Egregoren].[61]

Hier sehen wir, dass Evola den Begriff *Egregoroi* zur Bezeichnung einer geistigen Elite verwendet, ganz wie heute oft mit dem Begriff *Illuminati* um sich geworfen wird, wenn eine solche Gruppe gemeint ist. Die Illuminati handeln jedoch nicht in der Welt, sie erhalten nur die geistige Tradition aufrecht, damit diese in den Wogen der Unwissenheit, die dieses, das Kali-Yuga*, überspülen, nicht untergeht. Interessanterweise taucht die eigentümliche Vorstellung von den „Wächtern" in den beliebtesten Fernsehsendungen der letzten zwanzig Jahre sehr häufig wieder auf – sogar unter ebendiesem Namen: „Wächter" oder „Watchers".

Evola sagt:

> In immer größerer Zahl finden sich Menschen, die, wenn sie auch nicht wissen, in wessen Namen, doch ein unklares, aber trotzdem wirkliches Verlangen nach Befreiung verspüren. Solchen Menschen den Weg zu weisen, ihnen vor den spirituellen Gefahren der jetzigen Welt Schutz zu bieten, sie zur Erkenntnis der Wahrheit zu führen und ihren Willen absolut werden zu lassen, damit einige von ihnen zur Schlachtordnung der „Wachenden" stoßen können, das ist doch das Beste, was uns zu tun bleibt. Aber auch hier handelt es sich um etwas, was nur eine

* Das Kali-Yuga ist in der klassischen indischen Astrologie das letzte von vier Zeitaltern oder Zyklen und spielt in der indischen und tibetisch-buddhistischen Kosmologie eine bedeutende Rolle. Das Kali-Yuga wird beherrscht von Konflikten, Krieg, Gewalt und schwerem Leid infolge geistiger Unwissenheit. Der Überlieferung nach endet das Kali-Yuga in einem verheerenden Kampf zwischen den Kräften geistiger Erleuchtung und des Materialismus, mit dem zugleich ein neues geistiges Zeitalter eingeläutet wird.

Minderheit berührt, und man soll sich nicht einbilden, dass auf diesem Weg eine erkennbare Änderung des Gesamtschicksals eintreten könnte. In jedem Fall ist das die einzige Rechtfertigung für eine greifbare Tätigkeit, die für einige Menschen der Tradition in der modernen Welt noch auszuüben bleibt, in einer Umgebung, mit der sie nichts mehr verbindet. Einer solchen wegweisenden Tätigkeit gereicht es zum Vorteil, dass solche „Zeugen“ bestehen und die traditionalen Werte immer wieder aufgezeigt werden, und zwar umso deutlicher und härter, je mehr die gegenläufige Strömung an Kraft gewinnt. Auch wenn diese Werte heute nicht verwirklicht werden können, sind sie doch mehr als nur einfache „Ideen“. Sie sind *Maßstäbe*. Sollte einmal auch die grundlegende Möglichkeit, Maß zu nehmen, völlig verloren gehen, dann würde sich tatsächlich die letzte Nacht auf die Erde senken. Lassen wir doch diesbezüglich die Menschen unserer Zeit mit größerer und kleinerer Selbstgefälligkeit und Zudringlichkeit von Anachronismus und fehlendem Geschichtsbewusstsein reden. Wir wissen ja, dass dies nur Alibis für ihre Niederlage sind. Lassen wir sie doch bei ihren Wahrheiten und achten wir auf die einzige Sache: In einer Welt der Ruinen aufrecht stehen zu bleiben. Wenn auch heute eine Tätigkeit in Richtung eines allgemein wirksamen Wiederaufbaues, wie wir sagten, nur äußerst geringe Erfolgsaussichten hat, so bleibt der vorhin erwähnten Menschengruppe doch immer die *innere* Verteidigung. …

Am Schluss wollen wir eine dritte Möglichkeit ins Auge fassen. Für manche kann der Weg der Beschleunigung der beste Weg sein, um der Lösung näherzukommen, denn in gewisser Hinsicht kommen viele Gegenmaßnahmen den Verkrampfungen gleich, die nur den Todeskampf verlängern helfen und da-

> durch, dass sie das Ende hinausschieben, auch den Neubeginn verzögern. Man müsste in einer ganz besonderen inneren Ausrichtung die am stärksten zerstörerischen Prozesse der modernen Zeit in sich aufnehmen, um sie für eine Befreiung zu verwenden – so als ob man das Gift veranlasste, gegen sich selbst zu richten, oder so, als ob man „den Tiger reiten" wollte.[62]

Hier meint Evola, die Suche nach spiritueller Erleuchtung sei etwas für die selbsternannten Wenigen und nicht für die Vielen, und wir sollten uns nichts vormachen, indem wir etwa anders dächten. Tatsächlich wird die traditionelle und echte Spiritualität von den Massen nicht nur abgelehnt, sondern es sind sogar antitraditionelle oder kontrainitiatische Kräfte am Werk. Angesichts dieser Allianzen gegen die wahren Hüter der Traditionen und die Suchenden nach dem inneren Licht müssen wir uns gegen deren Ansturm schützen und an der Herbeiführung des Endes der „modernen Zeit" arbeiten, um ihr Leiden zu beenden und wahre Befreiung zu bringen.

Das schädlichste Zeichen westlicher Dekadenz war für Evola der „Irrealismus", in dem der Mensch nichts mehr von der „Geistigkeit als Realität" weiß. Später wird dies dahingehend erweitert, dass der Mensch auch sich selbst nur noch im Sinne seines Denkens und Erwägens oder als Psychologismus erlebt. Diese Gedanken „schaffen ihm dann eine Welt von Wunderbildern, Scheingebilden und Idolen, die er an die Stelle der spirituellen Wirklichkeit setzt: Das ist der humanistische Mythos der Kultur … . Gemeinsam mit der abstrakten Welt des Denkens entsteht die romantische der ‘Seele‘. Die verschiedensten Schöpfungen der Sentimentalität, des Glaubens, des individualistischen und humanitären Pathos, der rein auf Sinneswahrnehmung beruhenden Erkenntnis, des theatralischen Heldentums, der Demut und der Revolte treten damit in Erscheinung."[63]

Als politisches Resultat vergänglicher, auf einem illusionären Selbstkonstrukt beruhender Gefühle ergibt sich wie von selbst der Wunsch nach der Errichtung einer „neuen, alles umfassenden Kultur", in der es kein „Ich" mehr gibt und der Mensch vom „Geist" befreit ist. Wir sehen dies in den Dämonen der Kabbala, den sogenannten *Streitenden Köpfen*, die für Evola in den siamesischen Zwillingen Konsumgesellschaft und Kommunismus zum Ausdruck kommen.

Um die Katastrophe des modernen Lebens zu überstehen, muss man sich von dessen oberflächlichen Werten abwenden und sich voll und ganz dem eigenen Erwachen widmen – während man zugleich denen hilft, die dies wünschen und die auch in die Ränge der selbsternannten Elite eingeführt werden können. Außerdem deutet Evola die Existenz übersinnlicher Wesen oder des „Nicht-Menschlichen" hinter diesen beiden Weltbildern an und behauptet, dass es mit heroischer Entschlossenheit möglich sein könnte, sie zu nutzen, um „Erfahrungen eines höheren Lebens und einer größeren Freiheit" zu begünstigen.

Für Evola gibt es nur zwei Wege – einen Weg nach vorne als Teil derer, „die sich in der zentralen und königlichen Elite des neuen Stroms wiederfinden werden", und der Weg „der Menschen, die mit der Auflösung der modernen Welt enden werden". Die Fähigkeit, die Kräfte der Unwissenheit gegen diese selbst zu kehren, ist ein besonderer Aspekt der Zeit, in der wir angeblich leben: „Es gilt ..., dass, mag auch das letzte Zeitalter, das Kali-Yuga, ein Zeitalter schrecklicher Zerstörungen sein, dafür diejenigen, die in ihm leben und trotz allem aufrecht bleiben, Früchte erlangen können, die für Menschen anderer Zeitalter kaum erreichbar wären."[64]

PHANTASIE-REISEN

Von Robert Masters und Jean Huston

Das Konzept der Gedankenform spielt in den Werken von Jean Huston und ihrem Mann Robert Masters, über die wir bereits gesprochen haben, eine zentrale Rolle. Masters' Begegnung mit den dunklen Kräften der Natur während seiner Recherchen zu *Die teuflische Wollust* sind nur *ein* Beispiel. Die Vorstellung vom kollektiven Bewusstsein, von tibetischen Tulpas und von der Materialisierung von Gedankenformen steht im Mittelpunkt seines Werkes *Swimming Where Madmen Drown*. Die Werke von John Lily (psychedelische Forschung) und Milton Erickson (neurolinguistisches Programmieren), die im Zentrum der Bewusstseinserweiterungs-Bewegung der 1960er und 1970er Jahre standen, hatten prägenden Einfluss auf die Methoden, nach denen *Phantasie-Reise: Zu neuen Stufen des Bewusstseins. Ein Führer durch unsere inneren Räume* geschrieben wurde. Das Werk ist bewusst als hypnotisches Instrument gestaltet und sollte in Gruppen vorgelesen werden. Das Buch zu lesen, ist selbst bereits eine geführte Meditation oder ein magischer Akt.

Masters und Houston schreiben: „Wir fangen jetzt an, zusammen in Trance zu gehen. Wir werden gemeinsam die Vertiefung erleben, und schließlich wird jeder von uns einen Beitrag leisten zu diesem großen Becken des Bewusstseins, aus dem der Gruppen-Geist *seine Substanz ziehen und aufsteigen wird, um noch einmal zu existieren* [Hervorhebung des Autors].

Wir werden rhythmisch zusammen atmen und dabei immer mehr unseren Atem vereinigen, so lange, bis wir alle in absolutem Gleichmaß einatmen und ausatmen [die NLP-Technik des Entrainment]. Und wir werden das eine ganze Weile tun ... und während wir atmen, erzeugen wir unsere Einheit des Bewusstseins.“[65]

Darauf folgt eine Reihe von Anweisungen, die mehrmals wiederholt werden, um die Botschaft zu vertiefen und die Folgebereitschaft zu erhöhen. „Und wir werden jetzt, und alle werden wir jetzt, alle werden wir ein Geist, ein Geist, ein Geist, ein Geist, ein Geist, ein Geist, ein Geist, eine Trance, eine Trance, eine Trance, eine Trance, eine Trance, eine Trance, eine immer tiefere Trance."[66]

Nach mehreren Minuten wird dann das eigentliche Ziel des Tuns der Gruppe offenbart. Beachten Sie, dass die Materialisierung der Idee für diese Praxis von ausschlaggebender Bedeutung ist. Es handelt sich hier nicht um eine Abstraktion, sondern vielmehr um ein magisches Ritual, um durch die Gruppe unter der Anleitung ihres leitenden Vorlesers etwas zur Materialisierung zu bringen.

> Du spürst jetzt das Aufsteigen und die Anwesenheit des Gruppengeistes in dem Raum, da im Mittelpunkt. Und du konzentrierst dich auf diesen Raum, du bist sehr intensiv bei diesem Brennpunkt, und du bleibst auch dort zentriert, und du verstehst jetzt, dass wir jetzt den Gruppengeist *materialisieren* können und müssen. Wir statten diese Wesenheit mit ausreichendem Material aus, sodass sie uns allen erscheinen kann. Ja, mehr noch, wenn wir erfolgreich genug sind, dann sind wir sogar in der Lage, den Gruppen-Geist mit allen unseren Sinnen wahrzunehmen. Wir können ihn dann sehen, hören, wir könnten ihn sogar berühren, wäre es nicht erforderlich, dafür einige Vorsichtsmaßnahmen zu ergreifen, und das wollen wir tun.
>
> Doch wir *können* dieses Wesen materialisieren, indem wir uns auf den Mittelpunkt konzentrieren und uns sehr lebendig vorstellen, sehr kraftvoll vorstellen, wie dieses Fließen der Sub stanz, dieses Fließen des Materials von uns zum Zentrum, wo

> dieses Becken von uns erzeugt worden ist, vonstatten geht. Die Vorstellung des Materials, die Vorstellung der Substanz, die von uns aus zum Zentrum fließt, diese Vorstellungen materialisieren sich jetzt in der Substanz des Gruppen-Geistes.[67]

Am Ende wird die Energie aufgelöst. „[Wir werden den Gruppen-Geist nun wieder] entlassen, diesen Gruppen-Geist, den wir geboren, genährt und mit Substanz versehen haben. Wir werden ihn jetzt wieder freilassen, und wenn wir ihn entlassen, wird er in keiner Weise mehr als eine Wesenheit mit einer unabhängigen Existenz für sich selbst existieren können. Er wird dann nur noch als Erinnerung existieren, und wir werden uns daran erinnern, was wir alles gelernt haben, indem wir von Zeit zu Zeit ein Wesen herbeigerufen haben, das getrennt von uns zu existieren schien, und zwar ganz anders als alle anderen Existenzformen unserer Erfahrung."[68]

Darauf folgen detaillierte Hinweise, wie die Teilnehmenden sich von dem kollektiven Bild lösen, dabei aber alle Erkenntnisse, Informationen oder Ideen, die sie während des Experiments möglicherweise erhalten haben, bewahren können. Das Bild wird aufgelöst, und ebenso wie die Loslösung aus dem Gruppengeist wird auch die individuelle Persönlichkeit aller Teilnehmenden bestärkt.

Der Buch *Phantasie-Reisen* war immerhin so einflussreich, dass John Lennon, eine Ikone der Gegenkultur-Bewegung, darüber einen Song mit dem gleichnamigen englischen Titel *Mind Games* schrieb, der als Single herauskam.

5

Der Lovecraft-Kreis

HOWARD PHILLIPS LOVECRAFT UND DAS *NECRONOMICON*

H. P. Lovecraft (1890-1937) ist unter die bedeutendsten amerikanischen Autoren des 20. Jahrhunderts, wenn nicht gar aller Zeiten, zu rechnen. Sein literarischer Ausstoß war beträchtlich. Daneben verfasste er schätzungsweise hunderttausend Briefe an Freunde und Bekannte – insbesondere an den „Lovecraft-Kreis“, Autoren von Grusel- und Abenteuergeschichten, die in Groschenheften veröffentlicht wurden. In seinen umfangreichen Korrespondenzen ermutigte er oft großmütig aufstrebende Autoren, aber auch jene, die bereits größeren Ruhm und kommerziellen Erfolg erzielt hatten als er. Daher gilt sein Leben, obwohl er zu Lebzeiten praktisch keinerlei Berühmtheit erlangte, als eines der bestdokumentierten überhaupt, und man nimmt an, dass heute noch rund zwanzigtausend Texte von ihm existieren.

Lovecraft wurde am 20. August 1890 in Providence auf Rhode Island geboren, und dort sowie im benachbarten Massachusetts hat er seine Geschichten auch hauptsächlich angesiedelt. Lovecraft wuchs bei seiner Mutter, ihren beiden Schwestern und ihrem Vater auf. Das kränkliche Kind besuchte erst mit acht Jahren die Schule, und auch dann nur ein Jahr lang. Als Heranwachsender las er viel, und er wird als Wunderkind bezeichnet, insbesondere in der Dichtkunst. Sein Interesse an Mythologie und Wissenschaft wurde gefördert. Mit neun Jahren hatte er mehrere Texte veröffentlicht und besuchte schließlich auch wieder die Schule, die er dennoch aus ungewissen Gründen offenbar nie abgeschlossen hat.

In seiner Kindheit machte Lovecraft die prägendsten Erfahrungen seines Lebens, die dessen Verlauf, zumindest in literarischer Hinsicht, maßgeblich bestimmen sollten. Offenbar hatten ihn Albträume, Angstzustände und verschiedene Formen einer bis heute nicht diagnostizierten Schlaflähmung geplagt, und aus diesen frühen Erfahrungen entwickelte er viele Figuren, die uns später in seinen Gruselgeschichten begegnen.

Lovecraft war ein Nachtmensch, kaum einmal verließ er vor Einbruch der Dunkelheit das Haus. Nach seinem Ausscheiden aus der Schule lebte er bei seiner Mutter, schrieb Gedichte und veröffentlichte schließlich 1916 seine erste Erzählung, „Der Alchemist“. Als Amerika 1917 in den Ersten Weltkrieg eintrat, bewarb er sich für die Rhode Island National Guard, scheiterte aber, wie kaum anders zu erwarten, an der medizinischen Musterung.

Am bekanntesten ist Lovecraft für die Buchreihe um den *Cthulhu-Mythos*, deren Hauptthema die Machtlosigkeit der Menschen und ihre relative Bedeutungslosigkeit im Universum ist. Den *Cthulhu-Mythos* verfasste Lovecraft in den letzten zehn Jahren seines Lebens – in einer Zeit, in der er auch als Ghostwriter tätig war, und die sich als seine produktivste erweisen sollte.

Leider kam Lovecraft erst nach seinem Tod zu Ruhm. Dass er es zu Lebzeiten nicht zu schriftstellerischem Erfolg bringen konnte, ist in unmittelbarer Verbindung mit seiner Übersensibilität zu sehen. Einerseits erlaubte gerade sie ihm seine große Kreativität, andererseits verhinderte sie, dass er sich Schwierigkeiten druckvoll entgegenstellen konnte. Häufig versank er in Selbstmitleid und ließ sich entmutigen. Darüber hinaus legten ihm seine angeschlagene Gesundheit – verursacht durch Armut und seine nächtliche Lebensweise – in Verbindung mit seiner gesellschaftlichen Isolation (trotz seiner umfangreichen Korrespondenz) weitere Steine in den Weg.

Doch was immer seine Inspirationsquelle gewesen sein mag, Kindheitstraumata, neurotische Vorstellungen, Albträume – oder übernatürliche Intelligenzen, wie uns einige Okkultisten weismachen wollen – Lovecraft selbst schrieb in einem Brief an den Verleger der Groschenheftreihe *Weird Tales*:

> Alle meine Erzählungen fußen auf der grundlegenden Prämisse, dass die üblichen menschlichen Gesetze und Interessen und Gefühle im großen Kosmos in seiner Gesamtheit keinerlei Gültigkeit oder Bedeutung haben. Eine Erzählung, in der die menschliche Gestalt – sowie die hiesigen menschlichen Leidenschaften, Umstände und Normen – auch in anderen Welten oder Universen als naturgegeben dargestellt wird, ist für mich nichts als Kinderei. Um zum Kern echter Externalität, sei es der Zeit, des Raums oder der Dimensionen, vorzudringen, muss man vergessen, dass es überhaupt so etwas gibt wie organisches Leben, Gut und Böse, Liebe und Hass und alle solche lokal begrenzten Attribute einer vernachlässigbaren und vergänglichen Spezies namens Menschheit. Nur menschliche Szenen und Figuren dürfen menschliche Eigenschaften haben. Diese müssen mit schonungslosem Realismus (und nicht etwa mit billiger Romantik) behandelt werden. Wenn wir aber die Grenze ins unermessliche und grauenhafte Unbekannte überschreiten – in die Schattenwelt des Draußen – müssen wir daran denken, unsere Menschlichkeit und Irdischkeit an der Schwelle abzulegen.[69]

Das übergreifende Thema in Lovecrafts Werk lässt sich in folgenden Punkten zusammenfassen:

- Das Streben nach Erkenntnis ist für die, die hinter den Vorhang der Realität blicken, letztlich selbstzerstörerisch.
- Wir können unserer Vergangenheit nicht entkommen, auch nicht der Vergangenheit unserer Vorfahren.
- Wir haben unser Schicksal nicht in der Hand – hier walten stärkere Kräfte.
- Die moderne Zeit ist dekadent und selbstzerstörerisch und wird von innen wie von außen von primitiven und barbarischen Kräften bedroht.
- Uraltes Böses besteht auf unvorstellbare Weise bis in die moderne Welt hinein fort und führt, einmal erkannt, zu geistiger Umnachtung und Tod.

Lovecrafts Einfluss war weitreichend und dauerhaft. Er wirkte prägend auf die größten Horror-Schriftsteller des 20. Jahrhunderts. Der Mythos, den er geschaffen – oder wie manche sagen, „unbewusst enthüllt“ – hat, taucht in Fernsehsendungen, im Film, in der Musik, in Videos, in Brett- und Kartenspielen und sogar in okkulten Praktiken auf. Die starke und überwältigende Anziehungskraft dieses Mannes und seiner Albträume offenbart etwas Tiefes und Mächtiges in der menschlichen Psyche. Durch sein Schreiben über die Bedeutungslosigkeit der Menschheit und des Einzelnen erlangte H. P. Lovecraft am Ende Ruhm und Unsterblichkeit. In gewissem Sinne ist er im Tode der Egregor dessen geworden, was er zu Lebzeiten nicht erreicht hat.

Das *Necronomicon* ist mit Abstand Lovecrafts größter und berühmtester literarischer Erfolg. Zum ersten Mal wird es in seiner Erzählung „Der Hund“ (geschrieben 1922, erschienen 1924) erwähnt. Dort ist das *Necronomicon* ein fiktives magisches Buch oder Grimoire. Angeblich wurde es von einer Figur verfasst, die unter der Bezeichnung „der wahnsinnige Araber“ Abdul Alhazred bekannt war, und enthält die Geschichte sowie die Riten, mit denen man „die Alten“ herbeiruft. Die Alten werden als Urwesen beschrieben, die vom Himmel zur Erde gekommen und nun unter dem Meer in der mystischen Stadt R'lyeh unter dem Südpazifik gefangen sind. Lovecraft behauptete, die Idee zum *Necronomicon* und dessen Titel sei ihm in einem Traum gekommen, wobei mystische Schriften unterschiedlichster Art in der Schauer- und Horrorliteratur ein verbreitetes Stilmittel sind. Allerdings haben nur wenige Werke ein Leben und eine Vitalität wie Lovecrafts Schöpfung entwickelt.

Lovecraft sagte, der Titel stamme aus dem Griechischen und bedeute „ein Abbild des Gesetzes der Toten“. Allerdings wurden auch andere Übersetzungen vorgeschlagen, und Lovecrafts Etymologie ist falsch hergeleitet. Nach dem *Necronomicon* befragt, sagte Lovecraft, die meisten „schrecklichen und verbotenen Bücher“ seien in Wirklichkeit ziemlich langweilig, und es mache mehr Spaß, selbst eines zu entwerfen, wie es viele seiner Freunde und Schriftsteller-Kollegen getan hätten.

Für die Erforschung von Egregoren ist dies nur umso faszinierender, zeigt doch eine genaue Untersuchung, dass praktisch alle berühmten Schriften im westlichen Okkultismus in gewisser Weise erfunden waren – allen voran die „salomonische“ und die „faustische“ Literatur. In Tibet gibt es mit den „Offenbarungen“ über Herkunft und Lehren des Begründers des Tibetischen Buddhismus, Guru Padmasambhava, etwa den *Terma*-Lehren, etwas ganz Ähnliches. Tatsächlich ist die gesamte Geschichte Padmasambhavas, wie sie üblicherweise gelehrt wird, erst mehrere Jahre nach dessen Tod entstanden, als sie nämlich im 12. Jahrhundert dem bedeutenden tibetisch-buddhistischen

Gelehrten Nyang Ral Nyima Ozer (1124-1192) in einer Reihe von Träumen und Visionen offenbart wurde. Nyang Ral behauptete, er sei in einem früheren Leben König Trisong Detsen von Tibet (742-797) gewesen, erinnere sich an seine Erlebnisse mit Padmasambhava und schreibe sie nun lediglich nieder.

Damit wurde die Erzählung um Padmasambhava zum ersten Mal festgeschrieben; zugleich entstand damit die allgemein anerkannte Lehre über Padmasambhavas Leben und seine Abenteuer in Tibet. Genau wie im Westen viele angeblich aus der Antike stammende magische Schriften mangelhafte Kenntnisse des Hebräischen, Griechischen und Lateinischen aufweisen, hat man auch in Tibet vielen „entdeckten" Lehren und neuen Praktiken einen Sanskrit-Anstrich gegeben (obendrein häufig einen schlechten), um den Anschein zu erwecken, sie kämen aus Indien. Als Lovecraft das *Necronomicon* erschuf – einschließlich seines fehlerhaften Griechisch und Arabisch – hatte er also sowohl in der Literatur als auch in der Esoterik allgemein anerkannte Präzedenzfälle.

Diese im Osten wie im Westen verbreitete Praxis der irrtümlichen oder sogar bewusst falschen Zuschreibung hat nicht verhindert, dass Generationen von Anhängern psychische (wenn nicht gar paranormale) Erfahrungen gemacht – oder sogar Erleuchtung erlangt haben. Ebenso wenig hat sich die Fiktionalität des *Necronomicon* für alle die als Stolperstein erwiesen, die es als Tor zu echten und tatsächlich existierenden anderen Realitäten betrachten, selbst wenn dies bedeutet, den Wahnsinn zu riskieren, wie der „wahnsinnige Araber" vor ihnen.

Lovecraft schrieb eine Hintergrundgeschichte oder Pseudohistorie für das *Necronomicon*, in der wir etwas über die Herkunft der Schrift und ihre dämonische Natur sowie über die Abenteuer und das Schicksal Alhazreds erfahren. Dass das Buch darin durch verschiedenste Fiktionen sowohl mit historischen als auch mit fiktiven

Persönlichkeiten und Orten in Verbindung gebracht und dadurch für seine Leserinnen und Leser der Realitätsbezug verschoben wird, macht sie nur umso faszinierender. Dass das *Necronomicon* außerdem in verschiedenen Ausgaben erschienen ist, die jeweils in unterschiedlichem Ausmaß mit dem *Cthulhu Mythos* arbeiten oder aber diesen völlig außer Acht lassen, sowie dass sie häufig als Anleitungsbuch zur praktischen Magie betrachtet werden, verstärkt diese Wirkung noch.

KENNETH GRANT: OFFENBARER TIEFER ESOTERISCHER WAHRHEIT

Menschen, die ihn kannten, beschreiben den englischen Zeremonienmagier und Schriftsteller Kenneth Grant (1924-2011) sowohl als „Grandseigneur der Magie des 20. Jahrhunderts" wie auch als „kleiner Junge, der zu viel Schwefel-Rasierwasser abbekommen hat und durchgedreht ist".[70] Als, wenngleich jeweils nur kurzzeitig, enger Vertrauter von drei der wichtigsten Persönlichkeiten der modernen Magie – Aleister Crowley, Austin Spare (1886-1956, britischer Okkultist) und Gerald Gardner (1884-1964, Gründer der Wicca-Religion) – saß Grant in der ersten Reihe, als die magischen Systeme geschaffen wurden, die die zweite Hälfte des 20. Jahrhunderts bestimmen sollten: Thelema, wie es im Ordo Templi Orientis (OTO) gelebt wird, A.'.A.'.; Chaos-Magie und Wicca.

In seinen eigenen Büchern, die ein halbes Jahrhundert schriftstellerischer Tätigkeit umspannen, bot Grant eine Synthese der Werke von Crowley und Spare sowie einzigartige Interpretationen ihrer Schriften. Zusätzlich arbeitete er die mythologischen Hierarchien aus den Werken der tonangebenden Horrorschriftsteller, insbesondere H. P. Lovecraft und Arthur Machen, ein. Durch diese Aufnahme fiktionaler Literatur sowie durch seinen extrem weitschweifigen Stil machte

Grant sich einen unvergesslichen Namen als moderner Autor des Okkulten.

Der Schriftsteller, Illustrator und selbsternannte Magier Alan Moore schreibt: „Man könnte kaum einen anderen lebenden Menschen nennen (Stand 2002), der als Einzelner das moderne westliche Denken über die Magie stärker geprägt hätte."[71] Dennoch zweifelte auch er an Grants geistiger Gesundheit und emotionaler Reife: „[Grants] Bezug zur konventionellen weltlichen Realität war bestenfalls labil."[72]

Mit dieser Einschätzung stand Moore nicht allein. Selbst Crowley, für den Grant im Austausch gegen magische Unterweisung als Privatsekretär arbeitete, äußerte sich ähnlich, obwohl er wünschte, dass Grant seine magische Ausbildung fortsetzte. In seiner Biographie *Remembering Aleister Crowley* gibt Grant selbst zu, er sei „unfähig, einen praktischen Zugang zu weltlichen Dingen zu finden".[73] Doch sei es, wie es sei, viele betrachten Grant als Offenbarer tiefer esoterischer Wahrheiten über die dunkelsten Aspekte der Natur.

Durch Grant erhalten wir auch Einblicke in Crowleys letzte Jahre. Während Israel Regardie bestens dafür bekannt ist, dass er dem „Biest" (Crowley) zwanzig Jahre zuvor gedient hatte, als dieser sich auf seinem Höhepunkt befand, sehen wir bei Grant den einsameren Mann, den nun die Folgen seines abenteuerlichen Lebens einholen: Krankheit und Heroinsucht (das ihm einmal gegen eine Bronchitis verschrieben worden war), Frustration über Rationierungen und die Anforderungen durch einen gewaltigen literarischen Ausstoß forderten ihren Tribut.

Wenn wir als empfindende Wesen in dieser Welt der Materie und der Sinne unsere Zeit dafür aufwenden, ein Zuhause zu finden, in dem wir leben können, einen Beruf, den wir ausüben können, Erholung, durch die wir uns zerstreuen können, und einen Ort, an den wir hingehören, warum sollte dies dann bei empfindenden Wesen nichtmenschlicher Art anders sein? Tiere passen sich uns an und wir uns ihnen; doch wenn es ums Unsichtbare geht, sollen wir plötzlich glauben, dass wir es hier mit reiner Fiktion zu tun haben – einer Fiktion ohne die geringste Hoffnung, dass sie Realität sein oder werden könnte.

Was aber sind denn die meisten spirituellen Praktiken anderes als eine Form kreativer Fiktion? Alle großen spirituellen Berühmtheiten sind legendär, und doch gibt es kaum historische Beweise, die belegen, dass es sie überhaupt gegeben hat, geschweige denn Bestätigung für die Wunder, die sie vollbracht haben. König Salomon, Jesus, Padmasambhava, Christian Rosenkreutz, der Gründer der Rosenkreuzer, Nicholas Flamel, der bekannte Schriftsteller aus dem 14. Jahrhundert, und seine Frau, die berühmte Wohltäterin Perenelle Flamel – und viele weitere weniger bekannte Persönlichkeiten – existieren eher als inspirierende Legende denn als historische Tatsache. Doch dies mindert ihre Kraft als Persönlichkeit nicht im Geringsten. So kann ein Mensch, wie bereits besprochen, nach seinem Tod durch verschiedene okkulte Riten verherrlicht und dadurch zu einem Brennpunkt werden, der andere auf einer bestimmten spirituellen Suche leitet – sogar sein weiterlebendes Bewusstsein kann in den Dienst dieser Aufgabe gestellt werden. Die Vielzahl der Heiligen in der Römisch-Katholischen Kirche und anderen Religionen legt davon beredtes Zeugnis ab.

Sollte es deshalb also bei einer fiktionalen Persönlichkeit, die sich um ein fiktionales Buch mit einer aus historischen Mythologien zusammengesetzten kosmologischen Vision rankt und mit einem realen Autor verbunden ist, anders sein? Ist es eine Überraschung, dass das Buch und sein Mythos „ein Eigenleben" entwickeln und nicht nur weitere veröffentlichte Geschichten und Legenden hervorbringen, sondern auch eine Vielzahl ernsthafter okkulter Praktiken, akademischer Studien, Brettspiele und sogar weiterer Bemühungen, eben dies zu erschaffen – eine dämonische okkulte Schrift?

Heute bezeichnet man dies als Fan Fiction und Live-Rollenspiel. Die Frage ist: Wo hört die Fantasie auf und wo fängt eine andere – oder vielmehr eine neue – Realität an?

Mit keinem anderen im 20. Jahrhundert verfassten Buch ist diese Frage gründlicher beantwortet worden als mit H. P. Lovecrafts fiktionalem Grimoire, dem *Necronomicon*. Es gehörte zu Grants liebsten Inspirationsquellen, und seine Worte in *Gegen das Licht* beschreiben das persönliche und das kreative Leben Lovecrafts in vollkommener Weise:

> Hast du je daran gedacht, liebe Leserin, lieber Leser, dass jedes Mal, wenn du aus einem Tag- oder Nachttraum erwachst, die Kräfte, die durch die Figuren und Ereignisse darin in Bewegung gesetzt worden sind, mit dem Übergang deines Bewusstseins in den Tag oder die Nacht nicht plötzlich aufhören? Nein, diese Geschöpfe deiner Traumwelt, die durch Impulse, derer du nicht mehr Herr bist, in Bewegung gesetzt worden sind, haben vor, ihre Energie aufzubrauchen, bis deren Schwung nachlässt oder bis du, liebe Leserin, lieber Leser, wieder einschläfst und ein weiteres Kapitel im Schicksal deiner Schöpfungen aufschlägst, die allesamt doch ausschließlich und gänzlich du selbst sind.[74]

ROBERT E. HOWARD UND CONAN DER BARBAR

Robert Ervin Howard (1906-1936) schrieb in seiner zwölfjährigen Karriere als Schriftsteller über hundert zur Veröffentlichung bestimmte Erzählungen. Er gilt gemeinhin als der Vater des „Sword and Sorcery"-Genres, also von Fantasy-Geschichten, die sich um Schwertkampf und Magie drehen. Dafür hat er auch die Figur entworfen, die als „Conan der Barbar" bekannt wurde. Howard verbrachte sein gesamtes Leben in Texas. Dort war er geboren worden, und die Wildwest-Atmosphäre, die übermenschlichen Helden und die zerklüftete Landschaft haben ihn zu seinem ungeheuren literarischen Ausstoß beflügelt. Howard war hauptsächlich Autodidakt und daher sehr belesen. Nur zwei Tage bevor seine Mutter an Tuberkulose starb, beging Howard Suizid. Es war kein impulsiver Akt; er hatte ihn sorgfältig geplant. Bereits mehrfach hatte er Selbstmordgedanken geäußert und Pläne für sein Ableben gemacht, wurde aber stets von seiner Mutter davon abgehalten.

Er erwarb drei Grabstellen, lieh sich von einem Freund ein Gewehr (sein eigenes hatte sein Vater wohl versteckt) und regelte seinen Nachlass. Er setzte sich in seinen 1935er Chevrolet und schoss sich oberhalb des rechten Ohrs in den Kopf. Die Kugel trat an der linken Kopfseite wieder aus. Danach lebte er noch acht Stunden, kam aber nicht mehr zu Bewusstsein. Nach seinem Tod schenkte sein Vater seine umfangreiche Büchersammlung dem Howard Payne College in Brownwood, Texas.

Im August 1930 schrieb Howard einen Brief an die Zeitschrift *Weird Tales*, der der Beginn einer regen Korrespondenz mit H. P. Lovecraft werden sollte. Mit diesem Austausch von Briefen, Meinungen und literarischen Ideen führte sich Howard in den Lovecraft-Kreis ein. Wie im vorangegangenen Abschnitt bereits erwähnt, unterhielt Lovecraft einen umfangreichen und eingehenden Briefwechsel mit seinen zahlreichen Freunden und Kollegen. Als Teil des Lovecraft-Kreises kam Howard mit zahlreichen Schriftstellern in Kontakt, mit denen er viele gemeinsame Interessen hatte, und jedes Mitglied des Kreises ermutigte wiederum andere, an den verschiedenen fiktionalen Welten und Mythologien mitzuwirken, die sie geschaffen hatten. Diese einzigartige Besonderheit des Kreises hob ihn über ein „Netzwerk", wie man heute in der Wirtschaft häufig sagt, oder einen „Schriftstellerzirkel" hinaus und machte ihn in vielerlei Hinsicht zu einer magischen Handlung, in deren Rahmen die durch sie erzeugten Gedankenformen ein äußerst dynamisches Eigenleben entwickelten. Dies zeigt sich in der Langlebigkeit der Werke seiner Mitglieder noch fast ein Dreivierteljahrhundert nach seiner Gründung. Bedenkt man, dass es sich hier um Genreliteratur in Groschenheften für ein Massenpublikum handelt, von der niemand erwartete, dass sie große Literatur wäre oder würde, ist allein dies schon eine erstaunliche Leistung.

Unter dem Spitznamen „Two-Gun Bob", vermutlich eine Hommage an seine Herkunft aus dem amerikanischen Südwesten, schrieb er mehrere wichtige Geschichten um den *Cthulhu Mythos*: „Der schwarze Stein", „Das Grauen aus dem Hügelgrab", „Die Kinder der Nacht" und „Das Feuer von Asshurbanipal". Außerdem korrespondierte er mit den *Cthulhu-Mythos*-Autoren Clark Ashton Smith, Edgar Hoffman Price und August Derleth. Gemeinsam mit dem amerikanischen Science-Fiction-Autor, Dichter und Herausgeber Donald Wandrei (1908-1987) gründeten sie 1939 Arkham House, in dem Lovecrafts Werke erscheinen sollten. (Derleth soll außerdem den Begriff *Cthulhu-Mythos* erfunden haben.)

Im April 1932 schrieb Howard an Lovecraft und schilderte ihm detailliert seinen neuesten Helden, erneut eine übermenschliche Gestalt. Es sollte Howards berühmteste Schöpfung werden, König Conan der Cimmerier, besser bekannt als Conan der Barbar. Später sagte Howard: „Conan ist vor ein paar Jahren einfach vor meinem geistigen Auge erwachsen, als ich in einer kleinen Grenzstadt am Rio Grande Halt machte. Ich habe ihn nicht durch einen bewussten Prozess erschaffen. Er ist einfach in voller Lebensgröße aus der Vergessenheit stolziert und hat dafür gesorgt, dass ich mich daransetze und die Saga seiner Abenteuer aufschreibe.“[75]

Gegenüber seinem Kollegen aus dem Lovecraft-Kreis, Clark Ashton Smith, äußerte Howard später:

> Zwar gehe ich nicht so weit zu glauben, dass Geschichten von tatsächlich existierenden Geistern oder Mächten inspiriert werden (wenngleich ich eher dagegen bin, etwas von vornherein zu bestreiten), doch ich frage mich manchmal, ob es möglich ist, dass unerkannte Kräfte aus Vergangenheit oder Gegenwart – oder sogar aus der Zukunft – durch das Denken und Handeln lebender Menschen wirken. Dieser Gedanke kam mir insbesondere, als ich die ersten Geschichten der Conan-Reihe geschrieben habe. Ich weiß, dass ich monatelang nichts Verkäufliches hatte zustande bringen können. Dann erwuchs vor meinem geistigen Auge anscheinend urplötzlich ohne großes Zutun meinerseits der Mann Conan, und mir floss ein wahrer Geschichtenstrom aus der Feder – oder vielmehr der Schreibmaschine – fast völlig ohne eigene Anstrengung. Mir war, als erschüfe ich nicht, sondern erzählte vielmehr Ereignisse, die tatsächlich stattgefunden haben. Begebenheit folgte so rasch auf Begebenheit, dass ich kaum nachkam. Wochenlang tat ich

nichts anderes, als über Conans Abenteuer zu schreiben. Die Figur belegte mich vollkommen mit Beschlag und verdrängte alles andere, was dem Geschichtenerzählen im Wege stand.[76]

CO-MAGIER ARTHUR MACHEN

Grants Bewunderung für die Werke von H. P. Lovecraft ist bekannt, ebenso, dass er sie für magische Praktiken verwendet hat; aber er war auch ein Fan des walisischen Schriftstellers Arthur Machen (1863-1947), ein Magier wie er. Machen, der auch Mitglied des *Hermetic Order of the Golden Dawn* war, war eng befreundet mit Arthur E. Waite (1857-1942), ebenfalls Golden-Dawn-Mitglied (und später Kopf einer seiner Splittergruppen). Durch Waite kam Machen zum Golden Dawn, obwohl seine Beziehung zu der Organisation Historikern offenbar wichtiger erscheint als Machen selbst und seine Mitgliedschaft von kurzer Dauer war.

Machen, der Sohn eines anglikanischen Priesters, entwickelte eine tiefe Faszination für das keltische mystische Christentum und würzte es mit einer ordentlichen Prise Alchemie, Kabbala und Hermetik. Trotz seines Misstrauens gegenüber dem zunehmend rationalistischen und technischen Fortschritt seiner Zeit misstraute er auch der scheinbar neurotischen Schwärmerei des Spiritualismus, und es ehrt ihn, dass er trotz seines Glaubens an paranormale Realitäten stets solide Beweise für die Realität paranormaler Phänomene verlangte. Einfach ausgedrückt, er war zugleich unverbesserlicher Romantiker, der in Träumen von einer mystischen mittelalterlichen Welt, die es vielleicht nie gegeben hat, versank, und pragmatischer Realist.

Seine größten literarischen Erfolge erzielte er im Genre der Schauergeschichten, und sie wurden von Lovecraft, Howard und anderen Mitgliedern des Lovecraft-Kreises gelesen. Wie bei Grant fand Aleister Crowley auch bei Machen, dass seine Fiktion einer unwissenden Öffentlichkeit tiefgreifende okkulte Wahrheiten vorlegte. Machens Einfluss als Horror-Schriftsteller war weitreichend, zu seinen Lebzeiten und bis heute. Von besonderem Interesse ist jedoch seine häufig übersehene Beteiligung an einem „paranormalen Ereignis", über das damals viel berichtet wurde, und zwar für alle, die das Bewusstsein der Massen und die öffentliche Wahrnehmung prägen.

Im August 1914 befand sich das Britische Expeditionskorps in Belgien nach seinem ersten größeren Gefecht mit den deutschen Streitkräften auf dem Rückzug. Für die Streitkräfte der Alliierten in Frankreich nahm der Krieg – der eigentlich in wenigen Wochen hätte zu Ende sein sollen – eine schlechte Wendung, und die Moral sank rapide. Rückblickend sagte Machen, er habe in der Tageszeitung vom Rückzug der britischen Streitkräfte gelesen – und ihn habe die Verzweiflung gepackt. Damals verfasste er als Journalist Kriegsberichte und verschiedene Propagandaschriften an der Heimatfront, und so schrieb er eine Erzählung mit dem Titel „Die Bogenschützen", die erstmals am 29. September 1914 in der *London Evening News* erschien. Es war eine erfundene Geschichte, aber dies wurde offensichtlich nicht klar gesagt, und so entwickelte die Erzählung bald ein Eigenleben. Die Geschichte erzählt von geisterhaften Erscheinungen, die in einem kritischen Augenblick auftauchen, um die britischen Soldaten auf dem Rückzug mit imaginären Pfeilen zu schützen, denen die vorrückenden Deutschen zu Tausenden zum Opfer fallen. Einem Bericht zufolge nahm die Intervention die Gestalt einer merkwürdigen Wolke an, die den britischen Rückzug vor den deutschen Beobachtern verbarg.

In einer Bevölkerung, die erfahren musste, dass sich ihre Armee auf dem Rückzug befand, war der Wunsch nach einem solchen göttlichen (oder zumindest übernatürlichen) Eingreifen so stark, dass die

Berichte allmählich nicht mehr nur von englischen Langbogenschützen sprachen – wie Machen ursprünglich geschrieben hatte – sondern von Engeln unter der Führung des heiligen Georg, des Schutzheiligen Großbritanniens. Kirchen und andere Religionsgemeinschaften griffen die Geschichte auf, um ihre Gemeinden, deren Väter und Söhne aus nicht immer nahvollziehbaren Gründen in Frankreich kämpften, zu begeistern, zu trösten und zu ermutigen. Schon bald tauchten Geschichten auf, wonach Soldaten und Offiziere am fraglichen Tag etwas Wundersames gesehen haben wollten – aber alle erst nachträglich, und keine wurde je nachgewiesen. Die *British Society for Psychical Research* (Britische Gesellschaft für die Erforschung des Übersinnlichen) berichtete im Dezember 1915, dass für die fraglichen Phänomene keine Zeugenaussagen aus erster Hand ermittelt werden konnten.

Machen schrieb später einen Brief, in dem er sein Bedauern ausdrückte und in dem es hieß: „Es war, als hätte ich einen Knopf gedrückt und damit einen ungeheuren, komplizierten Mechanismus in Gang gesetzt, der Gerüchte hervorbrachte, die sich als eingeschworene Wahrheit ausgaben, Tratsch, der sich als Beweis tarnte, wilde Schwindeleien, an die gutmütige Menschen felsenfest glaubten.“[77] Mit der Zeit betrachtete man dieses Ereignis – das Machen bereute – nicht mehr als göttliches Eingreifen, sondern als Wunschdenken in Verbindung mit einer kollektiven Halluzination aufgrund der Belastungen des Krieges. Doch allein der Wunsch nach einem Eingreifen übernatürlicher Mächte, insbesondere durch den heiligen Georg – den Schutzheiligen des britischen Egregors, wenn man so will – hätte dafür nicht ausgereicht. Viele in der okkulten Gemeinschaft betrachteten das Ereignis als bewussten oder unbewussten magischen Akt Machens, der dazu die kollektiven Energien des Denkens der Massen benutzte. Machen hatte hier nicht bloß in einer verzweifelten Lage die Stimmung seiner Leserinnen und Leser gehoben, sondern tatsächlich Geister heraufbeschworen, eine ganze Armee, die gegen höchst reale Feinde aus Fleisch und Blut zu Felde zog. Auch wenn offenbar nichts Wahres daran ist, besonders da Machen selbst die Geschichte bereute, die Wirkung war gleichwohl dieselbe: Es war eine kollektive Gedankenform geschaffen worden, diese wurde mit einem Egregor (St. Georg) verbunden sowie durch Wiederholung und den Vollzug religiöser Riten gestärkt.

Machen selbst wies in seiner Einführung zu der von ihm herausgegebenen Werkauswahl von Dickens, *A Handy Dickens*, auf etwas hin, was Grant später in *Jenseits der Zeitkreise* wieder aufgriff:

> Mit seiner Beobachtung, dass eine Wesenheit wie Sarah Gamp – Charles Dickens' unnachahmliche Schöpfung – praktisch allen gebildeten Menschen auf der Welt bekannt ist, wohingegen Frau X, Y oder Z – unsere Nachbarin von nebenan – nur die wenigen kennen, die ihren unmittelbaren Bekanntenkreis bilden, hat Arthur Machen die Aufmerksamkeit auf eine tiefgreifende magische Tatsache gelenkt. Doch Frau X ist „wirklich" und Sarah Gamp ist „unwirklich", die Erfindung eines menschlichen Geistes. Aber dieser, wahrhaft schöpferische, Geist war so stark, dass er seinen Bildern etwas von seiner vitalen, dauerhaften Energie mitgeben konnte, sodass sie lebendig wurden und im Geist zahlloser Menschen weiterleben.[78]

Was hier beschrieben wird, ist eindeutig eine Gedankenform, wenn nicht ein ausgeprägter Egregor (wenngleich ein durch schulische Pflichtlektüre und wiederholte Weihnachtsspiele und -Aufführungen unabsichtlich erzeugter). Angesichts der Langlebigkeit, die wir bei Dickens' Werken beobachten, verfügt sie am Ende sogar über eine gewisse Intelligenz. Und bei Werken wie denen von Lovecraft oder Howard können Psychologen leicht sagen, dass wir hier lediglich lesend an dem kreativen Prozess teilhaben, mit dem ihr Unbewusstes seinen Inhalt in Form von Träumen oder plötzlich auftauchenden Bildern offenbart. Ebenso einfach könnten Okkultisten oder Spiritualisten sagen, diese und andere Künstler seien lediglich Kanäle für überlegene Intelligenzen – insbesondere wenn der Inhalt ihrer Schöpfungen das normale Verständnisvermögen des Künstlers nicht übersteigt. Das heißt, nur selten erleben wir, dass Science-Fiction-Autoren tatsächlich echte wissenschaftliche Erkenntnisse beschreiben. Auch Lovecraft oder Howard haben uns in ihren Werken nicht auf neue archäologische Entdeckungen hingewiesen. Letztendlich ist es wohl ein wenig von beidem, wobei die Erfahrungen und Inhalte im Geist der Künstlerinnen und Künstler die eigentliche Leinwand sind, auf der das Meisterwerk erschaffen wird – selbst wenn es von etwas oder irgendwoher aus dem großen Jenseits inspiriert wird.

Warum sich für Grant und andere esoterische Schriftsteller Fiktion und Realität irgendwann vermischten und nicht mehr voneinander zu unterscheiden waren, ist leicht zu erkennen. Grant behauptete sogar, Sinn und Zweck seiner Bücher sei es, die Leserinnen und Leser auf „unbekannte Bewusstseinszustände" vorzubereiten, was die Lektüre seiner Werke an sich schon zu einem magischen Akt macht. Hier sehen wir, dass Magie nun nicht mehr etwas war, was von einer kleinen Gruppe in gemieteten Räumen einer Loge heraufbeschworen wurde, sondern vielmehr eine einmalige Geschichte mit einer einmaligen Idee, die von Millionen Menschen gelesen und von vielen, wenn auch nur vorübergehend, geglaubt wurde. Absichtlich oder unabsichtlich hatte Machen einen Geist aus der Flasche gelassen – und damit die passende Bestätigung für den Einfluss der Magie auf die Massenmedien im 20. Jahrhundert geliefert.

6

Der Egregor des Alten und Mystischen Ordens vom Rosenkreuz (AMORC)

Seit seiner Gründung im Jahr 1915 ist der *Alte und Mystische Orden vom Rosenkreuz* (AMORC nach lateinisch *Antiquus Mysticus Ordo Rosae Crucis*), besser bekannt als der Rosenkreuzer-Orden, aus bescheidenen Anfängen in New York City zu einer weltweiten Organisation herangewachsen. Obwohl er seinen Höhepunkt angeblich in den 1990er Jahren erreicht haben soll, nimmt er bis heute unter den esoterischen und einweihenden Traditionen des Westens einen der vorderen Plätze ein. Sein bekanntestes Hauptquartier befindet sich im kalifornischen San José. Außerdem unterhält AMORC eigene Administrationen und Tempel in verschiedenen Ländern auf der ganzen Welt und erteilt Lehren in neunzehn Sprachen.*

1930 wurden ausgewählten Mitgliedern des AMORC fünf Dokumente – oder Manifeste, wie man sie nannte – übersandt, die insgesamt etwa fünfzig Seiten umfassten. Sie enthielten die persönlichen und privaten Erinnerungen und inneren Kämpfe des Gründers der Organisation, Harvey Spencer Lewis (1883-1939), und sollten gelesen, unterzeichnet und zurückgeschickt werden. Sie trugen den Titel

* Die deutschsprachige Administration befindet sich heute in Baden-Baden, Anm. d. Ü.

Pronunziamento to All the World, und aufgelistet waren nicht weniger als vierundzwanzig „Unterzeichner des Internationalen Rats der Rosenkreuzer“ sowie „andere“.

Die Hauptseite trug einen beeindruckenden deutschen Titel, der besagte, das Dokument stamme vom „Internationalen Hauptquartier des Obersten Rates des Alten und Mystischen Ordens vom Rosenkreuz“, gefolgt von einem „S.S.S., Berlin, Deutschland 1930“. Am Fuß der Seite hieß es: „Herausgegeben von den Vereinigten Organisationen des Rosenkreuzes“, die anschließend aufgeführt wurden: *Antiquus Mysticus Ordo Rosae Crucis* (AMORC), *Fraternitas Rosae Crucis, Fraternitas Hermetica Lucis, Ordo Templi Orientis, Collegium Pansophia* und *Societas Pansophia*.

Um dem Ganzen noch die Krone aufzusetzen, behauptete das Dokument überdies, es sei die „*Zweite* offizielle FAMA der Ursprünglichen Bruderschaft Rosae Crucis seit dem 17. Jahrhundert“. Schließlich finden wir die Versicherung, dass dieses gesamte Werk zum Wohle der Menschheit und für das „NAHENDE NEUE ZEITALTER unternommen werde“.[79]

Zwar trägt das Dokument drei Unterschriften, von denen eine H. S. Lewis gehört, aber es ist zu bezweifeln, dass es die genannten „Unterzeichner“ in einheitlicher Weise gegeben hat. Wenn es sie gab, dann waren sie wahrscheinlich eher Mitglieder ehrenhalber als tatsächlich aktiv. Man sollte dieses Dokument jedoch auch nicht lediglich als internes Marketinginstrument betrachten, denn die Mitglieder, die es erhielten, waren bereits seit weit über einem Dutzend Jahren im Orden und hatten allein dadurch ihre Loyalität zu (oder zumindest ihr anhaltendes Interesse an) esoterischen Lehren im Stil des AMORC bewiesen. Dieses Dokument und andere, ähnliche, sind in Wirklichkeit magische Handlungen. Damit wird die pseudohistorische und mythologische Bruderschaft der Rosenkreuzer, eine weltweite Gemeinschaft von Eingeweihten, verbürgt, benannt und noch einmal vor aller Welt verkündet – oder zumindest vor denen, die seit annähernd fünfzehn Jahren oder länger Mitglied sind und dem höchsten und letzten 12. Grad des Ordens angehören.

Das Interessante an diesen Dokumenten ist, dass die besonderen Lektionen trotz der Widmung „an alle Welt“ auf der Titelseite unterschrieben und an die *Supreme Grand Lodge* (Oberste Großloge) im kalifornischen San José zurückgesandt werden mussten. Damit wird das Geheimnis den Würdigen offenbart und zugleich vor den Profanen gewahrt. Der Egregor wird gestärkt, und Image und Ideale einer weltweiten Rosenkreuzer-Bewegung unter der Leitung des AMORC und der unsichtbaren Eingeweihten der Großen Weißen Bruderschaft werden untermauert. Was Fiktion ist, materialisiert sich allmählich zum Fakt, der Traum wird wahr und die Historie gerechtfertigt. Nur den bewährtesten und vertrauenswürdigsten Mitgliedern, denen, die ihre Loyalität bewiesen haben, wird die Wahrheit offenbart.

Es kann gar nicht genug betont werden, wie besonders diese Erfahrung ist und welche emotionale Energie sie erzeugt. Die Publikationen, auf die wir uns beziehen, sind als „Zweite Auflage 1946“ datiert und enthalten folgende Aussage von Ralph M. Lewis (1904-1987), dem Sohn und spirituellen Erben von Harvey Spencer Lewis: „Und so gab der verstorbene Imperator des AMORC, Dr. H. Spencer Lewis, 1918 in Form eines Manuskripts eine neue *Confessio R. C. Fraternitatis* heraus, und hier lege ich Ihnen eine Reproduktion vor, in der Hoffnung, Sie mögen kosmisch so sehr erleuchtet werden, dass Sie den Zustand des Kosmischen Bewusstseins erreichen, wie es ihn vielen beschert hat, die das Privileg hatten, es vor Ihnen zu lesen.“[80]

Weiter wird die transformierende Wirkung der Lektüre der Schrift bekräftigt und eine geführte Meditation oder „Pfadarbeit“, wie andere Schulen sie bezeichnen würden, angeboten. Das Wissen wird also nicht um seiner selbst willen vermittelt, sondern vielmehr, um die Schülerin oder den Schüler zu verwandeln – um sie oder ihn einer bestimmten Erkenntnis näher zu bringen. Dies wird durch die „Beteuerung" am Ende jeder Broschüre noch verstärkt.

> In Gegenwart des Gottes meines Herzens und stets eingedenk des *Schreckens der Schwelle* bestätige ich feierlich, dass ich den Inhalt dieses Manifests sorgfältig gelesen und darüber meditiert habe. Weiter bestätige ich, dass ich in dem erhabenen Augenblick, in welchem ich mir der geistigen Woge in meinem Wesen bewusst war, die mich ergriffen hat und mein Bewusstsein über meine sterbliche und physische Umgebung sich erheben ließ, und in welchem ich mir ebenso der unsichtbaren Gegenwart der kosmischen Heerscharen bewusst war, meine Unterschrift hierunter gesetzt sowie Stunde, Tag, Monat und Jahr dieser Kosmischen Erfahrung festgehalten habe. Darüber hinaus versichere ich durch ebendiese Zeichen feierlich, dass ich den Inhalt dieses Manifests keinen anderen Augen zur Ansicht gebracht habe als nur den meinen.[81]

HARVEY SPENCER LEWIS: GRÜNDER DES AMORC

Auf den folgenden Seiten wird Harvey Spencer Lewis, der bereits erwähnte Imperator des AMORC, etwas näher beschrieben. Die Ausführungen gehen auf seine Kindheit, seine frühen mystischen Neigungen und die Erfahrungen ein, die ihn Anfang des 20. Jahrhunderts auf seine lebensverändernde Reise nach Frankreich geführt haben – eine Reise, die ihn seinen Angaben zufolge mit einigen der letzten lebenden „Rosenkreuzer" Frankreichs in Kontakt gebracht hat. Wiederholt versicherte er, diese Beziehungen hätten ihm die erforderliche Ermächtigung zur Gründung des *Alten und Mystischen Ordens vom Rosenkreuz* (AMORC) in New York City im Jahr 1915 erteilt.

Die folgende Geschichte wird im typischen Stil seiner Zeit erzählt. Wir erfahren von HSLs Erziehung, seiner spirituellen Lehre und vor allem von den übersinnlichen Erlebnissen, die für ihn richtungsweisend werden sollten. Während einer Meditation in seiner Lieblingskirche, so erklärt Lewis, habe sich Folgendes ereignet:

> Ich hörte eine Stimme, klar und deutlich, nicht aus meinem Inneren, sondern von außen. Selbst jetzt, da ich dies schreibe, wird mein Nervensystem emotional berührt, denn mit Leichtigkeit höre ich immer noch den Klang, als das erste Wort gesprochen wurde; es lautete „Friede!" … Zunächst habe ich nichts und niemanden gesehen. Ich blickte zum Kreuz, und während es mir nicht anders erschien als zuvor, gewahrte ich zwischen dem Kreuz und mir einen feinen Nebel. … Ich erkannte, dass sich die neblige Substanz nur einen knappen Meter vor meinem Körper befand. Wie ich weiter *auf* sie und nicht durch sie hindurchschaute, entdeckte ich, dass sie eine Gestalt hatte. … Benommenheit überkam mich, und ich schloss die Augen.[82]

Nach einiger Zeit geschah schließlich Folgendes:

> Langsam lenkte ich den Blick wieder auf die Gestalt vor mir, und dieses Mal war sie stärker oder vielmehr milchiger. Ich schaute der Gestalt ins Gesicht. Es war undeutlich … doch die ganze Gestalt bestand aus einem weißen oder hellen Nebel wie

> dicker weißer Rauch. Wieder kamen Worte über die Lippen der Gestalt. … Sie erweckten in mir den Eindruck, als kämen sie aus einem Heiligen, Unendlichen Geist, und ich lauschte mit Hochachtung und Dankbarkeit, ohne aber überwältigt oder verwirrt zu sein.
>
> Was mir gesagt wurde, war der Sache nach Folgendes: Wenn ich mehr über die Rosenkreuzer und ihre Lehren erfahren wolle, müsse ich mich auf die Aufnahme in die Bruderschaft vorbereiten, die kein exoterisches Organ habe … nichts würde ich über die Bruderschaft in Büchern oder Schriften finden, denn ihre Geheimnisse seien nie veröffentlicht worden und würden dies auch nie; Erleuchtung müsse ich von innen finden und nicht von außen; und er, der zu mir spreche, sei ein AMORCUS der uralten Bruderschaft und sei als mein Führer erwählt worden, bis ich so weit sei, über die Schwelle zu treten und alleine weiterzugehen; das exoterische Organ der Bruderschaft gebe es in Amerika nicht mehr, schon seit 101 Jahren nicht; … jeden Donnerstagabend solle ich der Einstimmung auf meine Führung widmen; das nächste exoterische Organ der Bruderschaft werde in Frankreich entstehen oder existiere dort noch, oder so ähnlich. Wahrscheinlich wurde noch sehr viel mehr gesagt … aber dies alles erfuhr ich entweder damals aus der Rede oder während der Meditationszeit am folgenden Donnerstag, als ich bei mir zu Hause eine Stimme sprechen hörte, aber keine Gestalt sah.[83]

In der dritten Broschüre fährt Lewis fort und behauptet, während dieser wöchentlichen Sitzungen hätten sich ihm „Sieben Führende Köpfe“ offenbart, und wenn einer sprach, seien die anderen im Hintergrund zu spüren oder zu hören gewesen. Dann sagt er:

> Es hat also den Anschein – und dies steht eines Tages zu beweisen – dass jede dieser recht unterschiedlichen Persönlichkeiten eine frühere Inkarnation meiner heutigen Seele und meines heutigen Geistes ist und es in den Tiefen des Geistes – der ewig ist und über alle Inkarnationen hinweg bei der Seele bleibt – Nischen oder Kammern gibt, in denen die persönliche Eigenheit der bewussten Existenz jeder Inkarnation verwahrt wird und sogar erhalten bleibt. … So mag die Seele zwölf solcher Kammern haben, wobei jede Kammer eine mögliche Inkarnation der Seele darstellt, in der das Gedächtnis jeder inkarnierten Persönlichkeit gespeichert und unvergänglich bewahrt wird. Daher ist also der Geist des Menschen *in jeder Inkarnation* ein kumulativer Geist, eine Resultante der Addition oder Kombination des Geistes aller früheren Persönlichkeiten. In meinem Fall gab es erst sieben … bereits abgeschlossene … frühere Seelenphasen … .[84]

Allerdings sollten wir unbedingt die Präambel zu dieser dritten Unterweisung beachten. Sie wirkt etwas deplatziert, als wolle sie unsere Aufmerksamkeit auf sich ziehen – um uns etwas Wichtiges bewusst zu machen.

> Nun, meine Brüder und Schwestern, mir ist vollkommen bewusst, dass das, was ich in den letzten Abschnitten [der vorangegangenen Lektion] geschrieben habe, zweifelsohne schwer zu verstehen ist, und dass es für alle, die mich oder unsere Arbeit nicht kennen, sehr wohl wie das irre Gerede eines Wahnsinnigen oder die freie Erfindung eines Schlaukopfs klingen kann. Gerade weil es weder das eine noch das andere ist und wahrscheinlich auf Ablehnung stößt, sah ich mich

> gezwungen, die WAHRHEIT zurückzuhalten und statt ihrer eine andere Version meiner ersten Begegnung mit dem *Ordo Rosae Crucis* vorzulegen. Lest weiter und erkennt, wenn Ihr könnt, was es für mich bedeutet hat, zu wissen und mir immer vor Augen zu halten, dass die eigentlichen Tatsachen und die WAHRHEIT verschleiert und auf DICHTUNG zurückgegriffen werden muss, weil Dichtung plausibler scheint als Wahrheit. *Ich, dem die erdichteten Theorien der Wissenschaftler zuwider geworden sind, da ich mich am meisten nach der Wahrheit sehne, verstehe jetzt, warum* DIE WAHRHEIT UNS ERST DANN FREI MACHT, WENN DIE UNWAHRHEIT IHRE MACHT, UNS ZU VERSKLAVEN, ERSCHÖPFT HAT.[85]

Daran schließt sich folgende Fußnote an: „Wie bereits erklärt worden ist, musste die frühe Geschichte des Ordens in diesem Zuständigkeitsbereich, die zur Lektüre durch die Öffentlichkeit bestimmt war, viele Tatsachen verschleiern, die in diesen vertraulichen Manifesten nun ausgesprochen werden können."[86]

Die übrigen Manifeste beleuchten seine Reise nach Frankreich und die Treffen mit den letzten verbliebenen Mitgliedern einer längst inaktiven Loge in Toulouse, die sich in einem heruntergekommenen Zustand des Verfalls befand. Dies geht einher mit einer Reihe übersinnlicher Visionen und Gesprächen mit den betagten Mitgliedern, wobei sein Gastgeber als Dolmetscher fungiert. Die abschließenden Manifeste der Reihe enthalten eine ominöse Prophezeiung über den Zweck des Ordens, Einblicke in weitere spirituelle Krisen von Lewis und die Behauptung, die „Brüder und Schwestern" müssten ihm helfen, sich auf seine Reinkarnation vorzubereiten, damit er das Werk fortführen könne, das er begonnen habe.

Lewis‘ Gastgeber in Frankreich, der ihm auch spirituelle Unterweisungen erteilte, sagt:

> Zweifellos verstehst du darum, dass unser Orden sich verpflichtet hat, die Bemühungen einer großen Institution zu bekämpfen, die seit Jahrhunderten dafür sorgt, dass Unwissenheit, Angst und Aberglauben Geist und Seele der Massen fest im Griff haben. Es ist die Hierarchie der … . Seit den Tagen, als Meister Jesus durch die Hand der römischen Eiferer in Ketten gelegt wurde, hat unser Orden insgeheim und heilig gelobt, Mann und Frau auf die Stunde vorzubereiten, in der das Böse im Namen Gottes die Hand erhebt, die Seele zu ersticken und den Geist abzustumpfen. Auch dies wird deine heilige Pflicht sein, deine Verpflichtung, der du dein Leben und deinen Besitz und all dein irdisches Tun und deine ganze Kraft verschreiben musst, bevor du aus unseren Händen den Schlüssel empfangen kannst, das letzte und verlorene Wort, das Juwel und den Segen, ohne die du nichts auszurichten vermagst.
>
> Und daher wird dein Land im Jahr 1915 … im Stillen in den Vorbereitungszyklus auf den bevorstehenden größeren Kampf in deinem Land eintreten. Bis zum Jahr 1920 wird dein Werk, wenn es nach dem Gesetz des L.L.L. [Licht, Leben und Liebe] getan wird, einen Punkt erreicht haben, an dem es in jedem Bereich deines Landes seinen Frieden und seine Macht gefestigt hat, denn so steht es geschrieben in allen uralten Schriften, die vom Schicksal der Nationen und der Völker künden. Dann – bald danach – kommt innerhalb der Grenzen deines Landes der Tag des Streits, an dem unter der Herrschaft des Herrn der Finsternis das Zeichen des Kreuzes von der … hochgehalten wird, und ihm in jeder Stadt und jedem Bundesstaat das wah-

re Zeichen des Kreuzes in Herz und Geist deiner Brüder und Schwestern entgegentritt und es auslöscht. Zu deiner Unterstützung werden andere Brüder der Heiligen Zunft des Königs Salomon hervortreten, deren Handwerker die materiellen Steine aufgeschichtet haben, auf denen dein esoterisches Gebäude errichtet werden kann.

Natürlich werdet ihr viel leiden, als Einzelne und als Gemeinschaft, bevor Tag und Stunde des Triumphs gekommen sind. Aber diese Sorgen, diese Prüfungen werden eure Seelen reiner und stärker machen, und du als der Erbauer des Großen Tempels der Menschenseelen wirst auf viel Widerstand stoßen und musst den größten Teil deines Lebens opfern, damit die Wahrheit kommen kann. Eines Tages, wenn du es am wenigsten erwartest, wirst du in deinem Land die Stelle finden, wo unsere Abgesandten, die „Mönche vom Berg", den geheimen R.C.-Stein abgelegt haben ... und wo du dem Meister, der dich hierher geführt hat, noch einmal von Angesicht zu Angesicht begegnen wirst. ... Ich bitte dich nun, uns zu geloben, dass du die Arbeit FÜR die Freiheit des Menschen und GEGEN seine Versklavung; FÜR die Erkenntnis des Menschen und GEGEN seine Unwissenheit, für das Licht und gegen die Dunkelheit, für UNSEREN ORDEN und gegen die ... auf dich nimmst![87]

AMORC UND DIE KATHEDRALE DER SEELE

Die Existenz der „Kathedrale der Seele" wurde erstmals in der Januar-Ausgabe 1930 des *Rosicrucian Digest* verkündet. Die erste Ausgabe des *Liber 777: The Cathedral of the Soul: Its Origin, Purpose and Program of Services* (Liber [Buch] 777: die Kathedrale der Seele: Ihr Ursprung, ihre Aufgabe, ihre Gottesdienstordnung, später umbenannt in *The Celestial Sanctum* – das Kosmische Sanktum) wurde von Charles Dana Dean (1878-1933), einem der ersten Großmeister des AMORC in Nordamerika, verfasst und einen Monat später den Mitgliedern zugänglich gemacht. In der September-Ausgabe 1932 des *Rosicrucian Digest* wird diese mediale Schöpfung wie folgt beschrieben: „Sie [die Kathedrale der Seele] ist eine imaginäre, ätherische Kathedrale, die zunächst gedanklich erschaffen und dann durch Gedankenkraft unterhalten und erhalten wurde. Heute ist sie ein lebendiges Beispiel für die Macht der Gedanken. Wenn man gedanklich mit dieser Kathedrale der Seele Kontakt aufnimmt, entspricht dies dem Kontakt mit einer heiligen Kultstätte auf der irdischen Ebene."[88] Weiter heißt es, „die Kathedrale ist eine spirituelle Schöpfung, die daraus hervorgeht, dass auf Erden Tausende Menschen im Geist konzentrierte spirituelle Gedanken und spirituelle Schwingungen auf einen Punkt ausrichten. In allen östlichen Philosophien und Religionen ist eine solche Fokussierung des Denkens sowie der spirituellen Meditation und Kontemplation nicht nur möglich und vorstellbar, sondern sogar höchst wahrscheinlich."[89]

Harvey Spencer Lewis, der Imperator des AMORC und Schöpfer der *Kathedrale der Seele*, beschreibt ihre Funktion und ihren Zweck in seiner Bekanntmachung vom Januar 1930 im *Rosicrucian Digest* wie folgt:

> Unsere Mitglieder werden in naher Zukunft noch viel über diese Kathedrale der Seele erfahren, im Moment möchte ich lediglich ihren Namen bekanntgeben und Ihnen eine kurze Vorstellung davon vermitteln, worum es sich dabei handelt. Diese Kathedrale ist jenes große Allerheiligste und Kosmische Sanktum, das von den Strahlen der Gedankenwellen Tausender unserer fortgeschrittensten Mitglieder unterhalten wird.

> Sie wurden darauf vorbereitet und dazu ausgebildet, diese Gedankenstrahlen zu bestimmten Zeiten des Tages und der Woche auf einen zentralen Punkt zu richten. So entsteht eine manifeste Macht, eine schöpferische Kraft, eine Gesundheit und Frieden spendende Keimzelle, die den materiellen Prüfungen und Problemen, Begrenzungen und destruktiven Elementen der irdischen Ebene weit enthoben ist.
>
> Die Kathedrale der Seele wird eure Kathedrale sein und meine sowie die Wohnstatt der großen Meister aus Vergangenheit und Zukunft.[90]

Wie bei vielen übersinnlichen Schöpfungen hat es auch hier den Anschein, als sei die Arbeit an der Entwicklung der „Kathedrale" zunächst auf ausgewählte Mitglieder der Organisation begrenzt gewesen und dann auf alle Mitglieder erweitert worden. Vorgegeben wurden ein konkretes Bild, das einer Kathedrale, sowie feste Meditationszeiten. Sogar schon in den ersten Jahren dieser Arbeit wurde darüber diskutiert, wie lange eine solche Praxis beibehalten werden und ob sie nicht vollständig aufgegeben werden sollte, sobald die Organisation fest etabliert war, um nicht zu viel Einfluss auf die Mitglieder auszuüben. Zwar wurde der Begriff *Egregor* nicht gebraucht (tatsächlich verwendet AMORC diesen Begriff erst, seit er 1990 Eingang in den allgemeinen okkulten Wortschatz gefunden hat), aber was hier diskutiert und praktiziert wird, ist eben dies: Die Entwicklung eines Egregors.

Trotz der hohen Bedeutung, die der Kathedrale der Seele in den Praktiken des AMORC zukommt, erscheinen die Vorstellungen, von denen in ihrem Zusammenhang die Rede ist, bisweilen uneinheitlich und widersprüchlich. Während die aktuellste Version des *Liber 777* rät, Mitglieder und Nichtmitglieder sollten ein beliebiges symbolisches Bild verwenden, das ihnen vertraut ist – etwas aus der Natur, ein Lieblingsplatz, ein Fantasieort oder ein AMORC-Tempel – drängen viele ältere Lehren auf den Gebrauch des Kathedralen-Bildes, wie Lewis es gezeichnet hat.

Dean schreibt im *Liber 777*:

> In den Jahren 1915 bis 1922 wählte er [HSL] jene fortgeschrittenen und bereiten Eingeweihten der Bruderschaft aus, die ihm bei seiner Schöpfung helfen konnten. In langen Nachtstunden schrieb er Briefe und Anleitungen an diese mehreren hundert Mitglieder. So bereitete er sie auf die Methode vor und bestärkte sie darin, sich auf ihn einzustimmen, damit sie im Kosmischen zusammenkommen, dort Gemeinschaft erfahren und den Grundstein für diese große Kathedrale legen könnten. Hunderte von Briefen wurden geschrieben, es fanden mehrere tausend experimentelle Kontakte statt, und viele Stunden mentaler und spiritueller Arbeit wurden der Ausarbeitung der Pläne und Merkmale dieser neuen Schöpfung des menschlichen Geistes gewidmet. …
>
> Hunderte andere sprechen immer wieder von der Freude und dem Glück sowie dem inspirierenden Gewinn, die sie durch ihre gemeinschaftlichen Zusammenkünfte im Kosmischen während der Mitarbeit an der Erschaffung dieser Kathedrale erfahren haben. Stillschweigen über die Pläne und die Arbeiten, die ausgeführt wurden, war unabdingbar, und wir wissen aus jüngst erhaltenen Briefen, wie glücklich Tausende unserer Mitglieder über die Nachricht sind, dass das große Werk nun vollendet ist und die Existenz der Kathedrale der Seele verkündet werden kann.[91]

Und weiter:

Es ist mir eine Freude, unseren Mitgliedern einige Einzelheiten über diese Kathedrale vorzustellen sowie ihnen zu wissen zu geben, wie sie von ihrer Existenz profitieren können. ... Als *Symbol* der Kathedrale haben wir ein Bild eingeführt, das in dieser Broschüre gezeigt wird und von H. Spencer Lewis selbst gezeichnet wurde, damit wir ein Sinnbild haben, das unsere geistigen Ideen widerspiegelt und zum Ausdruck bringt. Dieses Symbol enthält viele der Elemente, die er als typisch für die herrliche und inspirierende Größe der *unsichtbaren* Kathedrale im Sinn hatte. ...

In dieser Kathedrale wurden Vorkehrungen für einen Kosmischen Chor getroffen, in dem zuweilen die Stimmen eigens vorbereiteter Mitglieder unserer Organisation hier in Amerika und in anderen Landen erklingen werden, wenn sie die heiligen Hymnen singen, die von beseelten Meistern unserer Organisation in früherer Zeit komponiert worden sind. Zu anderen Zeiten werden die, die zu dieser Kathedrale Verbindung aufnehmen und in ihr verweilen, die *Sphärenmusik* und die Kosmischen Melodien hören, als würden sie auf der wunderbarsten Orgel gespielt, die die Welt je gesehen hat. Im Osten dieser Kathedrale finden die Mitglieder unserer Organisation in einer prächtigen Apsis einen wunderschönen Altar vor, erleuchtet vom violetten Licht der Kosmischen Schwingungen.

Über dem Altar schwebt, gehalten von magnetischen Kräften, ein edelsteinbesetztes DREIECK mit nach unten weisender Spitze. Dies ist das Sinnbild der *Kosmischen Dreieinigkeit.* Die drei Symbole an seinen Spitzen stellen, lodernd in einem violetten Feuer, LICHT, LEBEN, LIEBE dar – die Kosmischen Namen der DREIEINIGEN GOTTHEIT. Aus der Mitte des Podiums ertönt die Stimme des *sichtbaren* oder *unsichtbaren*

Meisters oder Lehrers, der unsere Mitglieder von Zeit zu Zeit durch Botschaften und erhellende Lektionen unterweist und inspiriert. Zu beiden Seiten des Mittelschiffs der Kathedrale befinden sich Alkoven und Kapellen, in denen sich die einzelnen Mitglieder alleine in stiller Meditation und Gebet aufhalten und in Zeiten von Angst und Pein Ruhe und Trost finden können. Es wird Räume innerer Gemeinschaft geben, in denen Mitglieder den Meistern begegnen und mit ihnen sprechen sowie unmittelbar Erleuchtung, Anleitung, Rat und Führung erhalten können.[92]

Tägliche Kommunions-Gottesdienste
An bestimmten Wochentagen werden in dieser großen Kathedrale verschiedene Versammlungen abgehalten, wobei tausende unserer Mitglieder aus der ganzen Welt sich auf diese fokussierte und zentralisierte Region des Kosmischen Bewusstseins einstimmen und so im Geiste zusammenkommen. … Nach den großzügigen Plänen des Imperators sind auch festgelegte Zeiten im Monat vorgesehen, zu denen er persönlich die Heilungsarbeit in der Kathedrale leitet, … zu anderen Zeiten bringt der Imperator die Heilige Versammlung in Kontakt mit einigen Großmeistern der *Großen Weißen Loge*, die dann eine inspirierende Botschaft auslegen.[93]

Wenn von einem Meister der Großen Weißen Loge besondere Zeremonien abgehalten werden, erstrahlt das Dreieck über dem Altar besonders hell in seinem violetten Licht.[94]

Es gibt keine anderen Regeln und Bestimmungen für den Prozess der Kontaktaufnahme mit der Kathedrale als die oben

> genannten [vorbereitenden Gebete]. Auf die Erstellung dieser Anleitungen wurde beträchtliche Zeit verwendet, damit sichergestellt ist, dass wirklich jeder Punkt enthalten ist, der an unsere Mitglieder weitergegeben werden kann. Die Methode der Kontaktaufnahme ist bei jedem Mitglied individuell mehr oder weniger verschieden, wir können euch nur die allgemeine Methode zeigen und euch dann euren eigenen Prozess ausarbeiten lassen, damit ihr den *Weg* zur Kathedrale zugleich *erlernt* und euch *verdient*. Denkt an die Worte des Meisters Jesus: „Ich bin der Weg!“ *Der Weg* führt über den Geist Christi, über das *Christus*-Prinzip, über die Göttlichkeit eurer Seele und über eure Sehnsüchte und Wünsche.[95]

Die Kathedrale der Seele wurde später umbenannt in „Kosmisches Sanktum“, und die Idee des kollektiven Bemühens vieler wurde in den verschiedenen Heilungsgottesdiensten, die dort stattfanden, sowie in der AMORC-Praxis des sogenannten *Medifocus* umgesetzt. Dazu fanden Mitglieder und Interessenten auf der letzten Seite der monatlich (später zweimonatlich, dann vierteljährlich) erscheinenden Zeitschrift der Organisation, *The Rosicrucian Digest*, die Zeichnung einer internationalen Führungspersönlichkeit sowie einen Satz. In der Jubiläumsausgabe zum 15-jährigen Bestehen des Magazins, die im November 1977 erschien, ist eine Zeichnung von US-Präsident Jimmy Carter als Persönlichkeit des Monats Dezember abgedruckt. Das Codewort, das in Verbindung mit ihm zu benutzen ist, lautet *EXPED*. Die Februar-Ausgabe 1978 zeigt eine Zeichnung von Queen Elizabeth II., und das in Verbindung mit ihr zu benutzende Codewort lautet SCALE.

Zu einem bestimmten Zeitpunkt erhielten die Mitglieder den Schlüssel zu den Wörtern, die wie Mantras funktionierten, damit sie und andere der jeweiligen Führungspersönlichkeit bestimmte Gedanken senden konnten. Die Ideen waren recht allgemein – Frieden, Freundschaft, Harmonie und so weiter – und in keiner Weise direktiv. Nach etlichen Jahren wurde diese Praxis aufgegeben, stattdessen erschien ein Hinweis, die Mitglieder möchten einfach Gedanken des guten Willens an eine oder mehrere Führungspersönlichkeiten ihrer Wahl senden. So hieß es in der Mai-Ausgabe 1987: „Medifocus ist eine besondere humanitäre monatliche Aktivität der Mitglieder, die jedem Rosenkreuzer bekannt ist. Am ersten Sonntag im Monat begibt man sich zu einem beliebigen Zeitpunkt in eine fünfminütige Meditation und richtet dabei seine Gedanken auf eine bestimmte belastete Weltregion." Außerdem wird bestätigt: „Sinn und Zweck von Medifocus ist im Grunde eine humanitäre Anstrengung für den Weltfrieden."[96]

DER DRITTE GEIST

Koordination von Wissen und Engagement im Geist der Harmonie zwischen zwei oder mehr Menschen, um ein bestimmtes Ziel zu erreichen. ... Wenn sich zwei Geister begegnen, entsteht eine dritte, unsichtbare, ungreifbare Kraft, die einem dritten Geist [dem Master Mind] gleichkommt.

Napoleon Hill, *Die deutsche Ausgabe von Think and Grow Rich*, FinanzBuch Verlag 2018, S. 216-217.

Die dritte Kraft, die in dem oben genannten Zitat aus *Think and Grow Rich* (in der ungekürzten deutschen Übersetzung) genannt wird, ist das entscheidende Element. Wir erkennen sie im kreativen Leben vieler Menschen.

William S. Burroughs, einer der Autoren der Beat-Generation, und der Künstler Brion Gysin bezeichneten dieses Phänomen als den

„dritten Geist" und schrieben ein Buch über ihre Zusammenarbeit, dem sie ebendiesen Titel gaben (*The Third Mind*). Darin stellen sie nicht nur die Idee vor, dass hier ein kreativer Impuls wirkt, sondern sie nennen auch mehrere Methoden, wie man diesen Impuls nutzen und zum Ausdruck bringen kann. Burroughs war selbst das verkörperte Inbild des etablierten Anti-Establishments. Wie viele Vertreter der Beat-, Hippie- und allgemeinen Gegenkultur-Generation war Burroughs selbstzerstörerisch, ausschweifend und unberechenbar und wählte sich die unmittelbare eigene Erfahrung zur Grundlage seiner Philosophie und Kunst. Dass er ein brillanter und erfolgreicher Schriftsteller war, der seine vielseitige Lebensgeschichte in seine Arbeit einbrachte, war seine Rettung. Theoretisch und praktisch war er ganz Magier – verwandelte Erscheinungsformen und Bedeutungen nach Belieben, immer auf der Suche nach einem anderen und tieferen Erleben und Ausdruck seiner selbst. Angesichts seines bekennenden Glaubens an die Macht des Geistes, äußerst reale physische Phänomene zu erzeugen, und seines chaotischen, von Drogen bestimmten Lebensstils kann man den unglückseligen tödlichen Schuss auf seine Frau Joan Vollmer in Mexiko nicht im eigentlichen Sinn als „Unfall" betrachten. Vielmehr ist er wohl als Auswirkung der Energie ihrer kollektiven Aktionen zu sehen. Das magische Wesen, das sie erschaffen hatten, hatte seinen Tribut gefordert.

Als eine Erforschung des tiefen psychischen Potenzials, die über die herkömmlichen humanistischen und politischen Philosophien weit hinausging, überstieg *The Third Mind* alle konventionellen Vorstellungen von Kunst – oder sogar der „Anti-Kunst-Bewegung". So wurde *The Third Mind* selbst zum Phänomen – mit gravierenden politischen Konsequenzen, da es in jeder erdenklichen Hinsicht eindeutig nonkonformistisch war, seine Erkundung und Umsetzung aber dem Einzelnen überlassen blieb.

Hier wurde die Inspiration zu einer Kraft, die zum Ausdruck kommen, zu der aber auch Kontakt aufgenommen werden musste. Dazu wurden Techniken (d. h. Rituale) eingesetzt, in denen es um Drogen, Alkohol, Sex, kathartische emotionale Entladungen, Meditationen und Visualisierungen, Akte „kultureller Blasphemie" und die grundlegende Überzeugung ging, dass die Wirklichkeit erschaffen, zerstört und in gewisser Weise neu geordnet werden kann.

Die esoterische Technik der Annahme der Gottesgestalt, Guru-Yoga und die Auto-Aufkleber-Frage „Was würde Jesus tun?" – all dies sind Methoden, seinen Geist auf eine bestimmte Ausdrucksform „kosmischer" Intelligenz und, je nach angewandter Methode, auch auf einen Egregor einzustellen. So kann man sich auf das Wesen des „Geistes des Hermes" einstimmen, ohne sich dazu der Methoden einer bestimmten Gruppe und ihres jeweiligen Egregors bedienen zu müssen. Einfach eine Frage zu stellen (wie etwa „Was würde Jesus tun?") ist eine Möglichkeit, seine Aufmerksamkeit auf eine bestimmte spirituelle oder erleuchtete Intelligenz oder einen entsprechenden Geist und deren beziehungsweise dessen Ausdrucksmethoden zu richten.

Ende des 20. Jahrhunderts entwickelte der moderne britische Okkultist und Autor Peter Caroll die Chaos-Magie, die das Problem der Bindung an eine einzige Praxis oder einen einzigen Weg zu überwinden versuchte und der es stattdessen darum ging, dass der Einzelne alles verwenden kann, was er als Bestandteil des Prozesses verwenden will. Bezog das Motto von Thelema* seine Inspiration aus dem Satz „Tue, was du willst" des französischen Renaissance-Schriftstellers und

* Thelema ist die wichtigste religiöse und philosophische Bewegung, die Aleister Crowley nach mehreren Offenbarungen einer körperlosen Wesenheit namens Aiwass 1904 begründete. Als ein Resultat dieser Begegnungen schrieb Aleister Crowleys *Das Buch des Gesetzes* nieder, das sich darum dreht, dass jeder Mensch selbst dafür verantwortlich ist, seinen „Wahren Willen" oder Lebenssinn zu entdecken. Das Motto derer, die diesem Weg folgen, lautet: „Tue, was du willst. Dies ist das ganze Gesetz. Liebe ist das Gesetz, Liebe unter Willen."

Humanisten François Rabelais aus dem 16. Jahrhundert, so entlehnte die Chaos-Magie ihr Leitprinzip den Haschisch rauchenden Assassinen*: „Nichts ist wahr, alles ist erlaubt." Es überrascht nicht, dass die Chaos-Magie ihre Inspiration zum Teil aus der Science-Fiction- und Fantasy-Literatur bezog, insbesondere aus den Werken der modernen britischen Autoren Michael Moorcock (Science-Fiction) und Terry Pratchett (Fantasy) – genau wie Grant Lovecraft zu nutzen versuchte – sowie aus der Kunst, den Schriften und den magischen Methoden von Austin Osman Spare. Trotz größter Bemühungen, die Prinzipien der Chaos-Magie wissenschaftlich (insbesondere quantenphysikalisch) zu untermauern, liegen die größten Erfolge der Bewegung offenbar doch auf dem begrenzten Gebiet der okkulten Subkultur.

Die Hinwendung zur Schattenseite der Psyche, mit der die Chaos-Magie arbeitet, unterscheidet sich nur marginal vom extremeren Ansatz verschiedener Gruppen des Pfades zur linken Hand, von Grants *Ordo Templi Orientis* (OTO) und vielen weiteren Wegen, die sich einer goëtischen Praxis verschrieben haben. Diese Pfade eint offenbar auch ein gemeinsames Schicksal – die Unfähigkeit, sich in mehr als nur sehr kleinen Gruppen zu halten. In Verbindung mit dem lähmenden Zerfall und der erdrückenden Last „dämonischer" und „klippothischer" Anziehungen macht es das übergreifende Motto des heroischen Individualismus allen sehr schwer, die gemeinschaftliche Arbeit an gemeinsamen Idealen und Zielen aufrechtzuerhalten, mit Ausnahme der Eingeschworensten.

---

* Als Assassinen wird üblicherweise eine islamische Glaubensgemeinschaft aus dem 11. Jahrhundert bezeichnet, die dafür berühmt war, Morde an führenden politischen, militärischen und religiösen Persönlichkeiten auszuführen. Bei ihnen verbanden sich Drogenkonsum und Mystik mit militärischer Ausbildung, was sie sie dreihundert Jahre lang zu einer der meistgefürchteten Organisationen machte und dazu führte, dass das Wort „Assassin" für (Meuchel-)Mörder, Mord und Morden Eingang in mehrere europäische Sprachen gefunden hat.

7

Wie man sich vom Einfluss eines Egregors befreit

Wenn wir dem gedanklichen Faden folgen, den dieses Buch auslegt, dann stellen sich uns verschiedene Fragen, hauptsächlich: „Können wir den Einfluss eines Egregors überhaupt vermeiden oder ihm entkommen?“ Wenn wir uns an die Definition halten, dass ein Egregor eine kollektive Einstellung oder ein kollektives Bewusstsein ist, dann tauchen Egregoren anscheinend jedes Mal auf, sobald auch nur eine kleine Personengruppe für einen bestimmten Zeitraum oder zu einem gemeinsamen Zweck zusammenkommt. Vertreten wir hingegen die eher fachspezifische Ansicht, dass Egregore nur jene übersinnlichen Kollektive sind, die zu bestimmten Zwecken durch Rituale erschaffen und aufrechterhalten werden, und dass sie an einem Ende über eine übernatürliche Intelligenz verfügen, dann lassen wir das Dynamische und Fluide der Begriffe „erschaffen“ und „Ritual“ außer Acht. Es ist sehr gut möglich und äußerst wahrscheinlich, dass die Egregore mehrheitlich aus einer Notwendigkeit heraus – man könnte sogar sagen *versehentlich* – entstehen und dann heranwachsen, weil sich, nicht anders als bei anderen lebendigen Organismen, formelle Handlungs-, Interaktions-, Lern- und Überlebensmechanismen entwickeln.

Kann man Egregore also meiden? Ja, aber nur wenn man Menschen meiden kann. Denn wenn wir den Worten der Evangelien auch nur ansatzweise glauben, dann gilt: „Wo zwei oder drei in meinem Namen versammelt sind, da bin ich mitten unter ihnen."

Zwar können wir lernen, die Energie aufzulösen, die uns an einen Egregor bindet (wie es erwiesenermaßen die okkulten Meister vorschlagen), um sie einem unspezifischen, aber allgemein günstigen Zweck zuzuleiten (wie wir es im Tibetischen Buddhismus bei der „Widmung der Verdienste" sehen), wichtiger aber ist, dass wir uns im Klaren darüber sind, was wir beabsichtigen und welche Resultate wir erwarten, wenn wir uns bestimmten Gruppen anschließen – sei es nun eine Straßengang, der Elternbeirat, ein esoterischer Orden oder ein locker organisierter Künstlerkreis. Wenn wir unsere Lebensziele durch den Beitritt zu einer Organisation oder die Teilnahme an einer Bewegung erreichen wollen, dann sollten wir zuerst einmal unbedingt wissen, welches unsere Ziele sind. Nur wenn uns klar bewusst ist, was wir erreichen wollen, können wir wissen, ob die Gruppen, denen wir uns anschließen, uns auf unserem Weg unterstützen oder behindern. Unsere Ziele gut zu kennen, kann zugleich eine nützliche Checkliste sein, wenn wir bereits an einer Gruppe teilnehmen. So erkennen wir, ob wir unsere Zeit sinnvoll nutzen. Nur allzu leicht lässt man sich vor dem Eintritt von Versprechungen und danach von anderen Aktivitäten ablenken. Zu wissen, was wir erreichen wollen, und zu vergleichen, was versprochen und was tatsächlich geboten wird, ist ein gutes Mittel, damit wir nicht vom Weg zu unserem Ziel abkommen – und damit wir uns von denen fernhalten, die uns nur für ihre eigenen Ziele ge- oder missbrauchen würden.

Ganz gleich, ob die spontan entstehenden „Genie-Cluster", also die Häufung genialer Geister an einem Ort, die der angesehene amerikanische Autor Eric Weiner in seinem Buch *The Geography of a Genius* annimmt, oder der individuell entstehende „Master Mind" aus dem Buch *Denke nach und werde reich* des amerikanischen Ratgeber-Autors Napoleon Hill, Gruppen Gleichgesinnter entstehen nicht zufällig, sondern aus Notwendigkeit. Kurz gesagt: Notwendigkeit gebiert Genie, zugleich aber auch Resilienz und persönliche Meisterschaft. Aus einem Handarbeitskränzchen oder einer okkulten Loge können wir immer nur das herausholen, was wir – tief in unserem Innersten – vor allem anderen wirklich wollen. Zuerst müssen wir wissen, warum wir daran teilnehmen. Über dem Apollon-Tempel in Delphi (angeblich abgeleitet vom ägyptischen Tempel in Luxor) stand schließlich nicht „Erkenne die Parteilinie und passe dich an", sondern „Erkenne dich selbst".

Genau wie wir Egregore zerstören können – sei es in ihrer klassischen Form, wonach sie von einer Intelligenz beseelt sind, oder nach moderner Definition, wonach es sich dabei um ein kollektives, allerdings nicht vollständig autonomes Bewusstsein handelt – können wir uns auch von ihrem Einfluss befreien.

Um uns zu befreien, müssen wir unsere Verbindung und unseren Kontakt zu den Mitgliedern, Ritualen, Symbolen und Aktivitäten des Egregors sowie seinen materiellen Verankerungen in der Gruppe einschränken. Manchmal kann dies ganz einfach sein: Wir bezahlen keine Mitgliedsbeiträge mehr, gehen nicht mehr zu den Treffen und lesen keine Literatur der Organisation mehr. Organisationen wie Vereine und Berufs- oder Wirtschaftsverbände haben einen schwächeren Verbandsgeist als eine Religion. Auch hat eine Organisation, der wir als Erwachsene beitreten, im Allgemeinen schwächere Sogwirkung auf uns als eine, der wir uns als Kinder oder Jugendliche anschließen. Allerdings geht jeder Mensch aus emotionalen Bedürfnissen vielfältige Beziehungen ein. Auch muss jeder seine eigenen Gründe finden, warum er in den verschiedenen Vereinigungen bleibt, seine Beteiligung verändert oder geht. Die (besonders in USA üblichen) Alumni-Verbände, deren wichtigstes Ziel die dauerhafte Verbindung mit einer Schule oder Universität und insbesondere deren Sportmannschaften ist, ist eine der merkwürdigeren Ausprägungen eines Gruppengeistes und zugleich eine der häufigsten. Manche psychischen oder emotionalen Beziehungen oder „Mitgliedschaften", wenn Sie so wollen, geht man leichter ein, einfach aufgrund ihrer Größe. So kann man etwa den Egregor einer Nation nicht vollständig verlassen, auch wenn dessen Art und Stärke von Ort zu Ort schwanken. Außerdem lässt der Einfluss eines Egregors mit der Zeit nach, wenn im Leben neue und andere Herzensanliegen in den Vordergrund rücken – wobei *Herzensanliegen* hier der Schlüsselbegriff ist. Denn Gefühle sind Futter für Egregore und zugleich das, was unser Handeln anleitet und ausmacht. Bei dem, was wir am meisten lieben, finden wir die größte Konzentration unserer Lebensenergie, unserer magischen Kraft, und damit auch die Egregore, mit denen wir Gemeinschaft pflegen.

Das Herzensanliegen von Menschen, die sich ernsthaft mit Esoterik beschäftigen, ist die Loslösung vom Egregor einer vorherrschenden religiösen Bewegung oder gar einer oder mehrerer einweihender Organisationen, denen sie angehören oder früher einmal verbunden waren. Die Ablösung davon erfordert eine konzentrierte Anstrengung, möglicherweise wiederholte Versuche und die klare Erkenntnis, warum man ihnen überhaupt beigetreten ist und warum man nun austreten oder zumindest ihren Einfluss auf sein Leben und seinen spirituellen Weg minimieren möchte.

Manche Wesenheiten sind schwieriger zu erkennen: Sind sie ein Kollektivbewusstsein oder doch ein klassischer Egregor mitsamt übernatürlicher Intelligenz?

So haben sich zum Beispiel durch die Reichweite, Beständigkeit und Häufigkeit, mit der über die Massenmedien Botschaften verbreitet werden, viele Bereiche der Pop-Kultur in den letzten Jahrzehnten von reiner Unterhaltung zu einem Lebensstil gewandelt. Ganz gleich, ob es um *Star Wars* geht und Menschen, die sich in statistischen Erhebungen bei der Frage nach der Religionszugehörigkeit als Jedi oder Sith bezeichnen, oder um die Follower von Bands oder Persönlichkeiten – auf ihrer grundsätzlichsten Ebene ist es Ziel und Zweck der Medien, einen Egregor zu erschaffen. Dies kann auch die Entstehung einer spartenübergreifenden Bewegung bedeuten, also von etwas Allgemeinem, aber klar Benennbarem, wie etwa der New-Age-Bewegung, des Steampunk oder sogar verschiedener Reenactment-Gruppen, die historische (und weniger historische) Ereignisse nachstellen. Alle Gruppen haben ihr jeweiliges „typisches" Mitglied, ein Klischee oder einen Archetyp, der erkennbar und, wichtiger noch, vermarktbar ist. Gemeinsame Eigenschaften und Werte lassen sich nutzen, um einen temporären oder vorübergehenden kollektiven Geist oder Egregor zu erschaffen. Aufgrund ihrer relativen Stärken und besonderen Schwerpunkte ist die Mitgliedschaft in solchen durch die Medien erzeugten und aufrechterhaltenen Gruppen häufig nur von kurzer Dauer. Dieser Art der Mitgliedschaft entwächst man daher mit der Zeit, wenn ganz andere Bedürfnisse und Verpflichtungen, die nichts mit ihr zu tun haben, zunehmend mehr Zeit und Aufmerksamkeit beanspruchen. Entwächst man ihnen nicht oder lässt man seine Beziehungen von ihnen beherrschen, kann man sie ohne Weiteres als nachteilig erkennen.

„THERAPEUTISCHE BLASPHEMIE": IHREN FÄNGEN ENTKOMMEN

Ein interessantes Thema in Joscelyn Godwins Buch *The Theosophical Enlightenment* ist das der *therapeutischen Blasphemie*. Dabei handelt es sich um einen Begriff, den Godwin bei einem der prominentesten und umstrittensten Förderer des Buddhismus im Westen, dem Briten

Urgyen Sangharakshita (Dennis Philip Edward Lingwood) entlehnt hat. Hinter der therapeutischen Blasphemie steht im Grunde der Gedanke, dass das Kirchen-Christentum in der westlichen Kultur einen derart beherrschenden Einfluss darstellt, dass man seiner schädlichen (und weitgehend unbewussten) Wirkung nur durch positive und gemeinschaftliche Anstrengung entkommt. Insbesondere alle, die in einer christlichen Gesellschaft geboren wurden (wenn nicht sogar auch nominell als Christen aufgewachsen sind), müssen eine Phase der öffentlichen Denunziation des Christentums, also der therapeutischen Blasphemie, durchlaufen. Sonst sind sie dazu verdammt, auf ewig Sklaven der Sekte der Menschenfischer zu bleiben.

Die Wirkung der therapeutischen Blasphemie beschreibt der buddhistische Lehrer und Autor Sangharakshita in seinem Buch *The Priceless Jewel* als „Umwandlung des unbewussten Widerstands gegen und der unbewussten Reaktion auf das Christentum in einen integralen Bestandteil der bewussten Einstellung". Wir müssen uns also öffentlich und bewusst von der insgeheimen und unbewussten Indoktrination freimachen.

Diese bewusste Entheiligung der vorherrschenden religiösen Motive wirkt als Ausgleichsmaßnahme gegen ihre mächtige und doch höchst unbewusste Gegenwart. Wird sie als therapeutische Maßnahme eingesetzt, um die verschiedenen neurotischen Tendenzen, die die bisherigen Lehren ausgelöst haben, bewusst anzusprechen und zu überwinden, kann sie ein nützliches Instrument auf den Weg zur Selbsterweckung sein. Geschieht sie jedoch in respektloser Form – aus Zynismus, Stolz oder ohne Wertschätzung für die positiven Lektionen, die man daraus gelernt hat – verliert die Entheiligung oder therapeutische Blasphemie ihre therapeutische Komponente und wird zur bloßen Blasphemie.

PSYCHOSYNTHESE UND THERAPEUTISCHE BLASPHEMIE

In den verschiedenen Formen einer pathologischen Reaktion auf alles spirituelle Geschehen oder des Widerstands dagegen kann ein unbewusster Versuch gesehen werden, sich von einem religiösen oder spirituellen Egregor zu befreien. Diese Form des Leugnens des Spirituellen ist nicht auf die klassische Religion begrenzt, sondern kommt auch in einweihenden und esoterischen Gruppen vor, wenn der Druck des Erwachens abgewehrt statt zugelassen wird und nicht frei fließen darf. Eine solche Krise ist normaler Bestandteil jedes Weges; bleibt man jedoch innerlich stehen, erhält sie einen pathologischen Aspekt. Wie lange man in diesem Stillstand verweilt, ist nicht festgelegt. In einer gesunden spirituellen Gruppe ist es die Aufgabe der spirituellen Leiter oder Meister, den Schüler zu immer weiteren Horizonten, einem stets größeren Erwachen und größerer Freiheit zu führen.

Wir sehen jedoch auch, dass nicht alle Gruppen in Übereinstimmung mit ihrem Ideal funktionieren und Mitglieder ihnen entwachsen können. Hier mag sich der Widerstand nicht so sehr gegen Idee und Ausdruck des „Überbewussten" richten, sondern eher gegen die konkreten einschränkenden und dogmatischen Probleme, die für den Egregor kennzeichnend sind. In diesem Fall könnte ein gewisses Maß an therapeutischer Blasphemie erforderlich sein, um den Einzelnen von den Einschränkungen durch das Kollektiv zu befreien. Man kann dies sachte und ganz für sich tun, häufig geschieht es jedoch explosionsartig und öffentlich, was zusätzliche Probleme aufwirft.

Das wahrscheinlich beste Beispiel für den Erwerb dieser Art von Freiheit ist in der tibetischen Lehre vom „Zufluchtnehmen" zu erkennen, wo man sich von vollständigem Vertrauen und Glauben an die historische Lehre zu vollständigem Vertrauen und Glauben an den

Lehrer und schließlich allein an sich selbst weiterentwickelt. Dies ist die Bedeutung der äußeren, inneren und geheimen Zuflucht. Einzig und allein zu den eigenen [psychischen] Kanälen, [psychischen] Winden und Tropfen [des essenziellen Bewusstseins] Zuflucht zu nehmen, erfordert, dass man sich vom Egregor löst. Oder, etwas geläufiger formuliert: „Triffst du den Buddha unterwegs, so töte ihn."

Sich von einem Egregor zu befreien – insbesondere von einem, zu dem eine lange, vielleicht sogar Generationen übergreifende Verbindung bestanden oder bei dem die Gruppe an kritischen Punkten im Leben entscheidende Anleitung gegeben und Hilfe geleistet hat – kann sich in vieler Hinsicht wie ein Betrug anfühlen und weist starke Ähnlichkeiten zu klassischen Aussteigerprogrammen aus religiösen und politischen Bewegungen auf, die Bewusstseinskontrolle ausüben.

Das Licht vertreibt die Finsternis. Diese einfache Wahrheit ist der praktische Schlüssel zum Problem, wie man Dämonen bekämpft. Der wahrgenommene Dämon, auf den also das Licht des Bewusstseins fällt, ist bereits ein machtlos gewordener Dämon.

Aus diesem Grunde hatten die Wüstenväter und andere heilige Einsiedler so viel Erfahrung mit Dämonen. Sie warfen ihr Licht auf sie; und sie taten es als Repräsentanten des menschlichen Bewusstseins im Allgemeinen. Wer immer sich aus der Welt zurückzieht, wird Repräsentant der Welt, wird „Sohn des Menschen". Und als „Menschensohn" zogen die heiligen Einsiedler die Dämonen an, die das Unbewusste der Menschheit heimsuchten, indem sie die Dämonen erscheinen ließen, sie ins Licht des Bewusstseins stellten und so machtlos werden ließen. …

> Die berühmten „Versuchungen" des heiligen Antonius waren … Akte der Heilung der Menschheit seiner Zeit von dämonischer Besessenheit. Sie waren Taten der geheiligten Magie, die die Dämonen ans Tageslicht des von oben erleuchteten Bewusstseins brachten, wodurch ihre Macht zunichte wurde.[97]

Ob wir daran glauben, dass der Egregor tatsächlich die Wohnstatt einer oder mehrerer unsichtbarer Intelligenzen ist, ist nicht so wichtig. In praktischer Hinsicht kann man wohl mit Sicherheit davon ausgehen, dass Egregore stets Wohnstatt von etwas „Unsichtbarem" sind – insbesondere, wenn man es mit Egregoren zu tun hat, deren Einfluss eindeutig negativ und einschränkend ist sowie als Selbstzweck betrachtet wird und damit verheerende Auswirkungen für das Erwachen und den Selbstausdruck des Einzelnen hat. In dem Moment, in dem Freiheit von dem unsichtbaren Einfluss erlangt ist, ist dies nicht nur ein persönlicher Sieg, sondern ein Sieg für die ganze Menschheit und die gesamte Schöpfung. Man übernimmt die Rolle des heiligen Antonius oder, genauer, eines Bodhisattvas, der *Tonglen* oder Geben und Nehmen praktiziert. Wie es heißt, dass Christus die Sünden der Menschheit auf sich genommen hat, um die Menschheit zu läutern, so heißt es auch, dass spirituelle Meister die Sünden ihrer Schüler auf sich nehmen können, um ihnen auf ihrem Weg zu helfen. Die tibetisch-buddhistische Tonglen-Praxis verkörpert diese Idee, zunächst einmal als Ideal, aber auch mit der sehr realen Fähigkeit, sowohl die Meditierenden als auch diejenigen psychisch zu transformieren, für die meditiert wird. Zugegeben, dies erfordert ein hohes Maß an praktischer Erfahrung, aber es wird in der gesamten Literatur bis in heutige Zeit immer wieder berichtet.

DREHE DICH DREIMAL LINKSHERUM

Der Verfasser von *Die großen Arkana des Tarot: Meditationen* nennt eine etwas merkwürdige und fast zu einfache Methode, um sich vom Einfluss eines Egregors zu befreien. Natürlich müssen wir uns vor Augen halten, dass für diesen speziellen Autor alle Egregore negativ sind und nur die reine Hingabe an die Ideale der christlichen heiligen Schriften als Schutz vor allen negativen Kräften gilt, einschließlich der sogenannten „Hierarchien zur Linken“ oder „Gefallenen Engel“, die häufig als Dämonen eingestuft werden.

Zum Schutz gegen die „künstlichen Dämonen“ oder „Egregore“, wie er sie nennt, schlage der Betroffene das Zeichen des Kreuzes nach Norden, Süden, Osten und Westen und spreche dabei jedes Mal die beiden Verse aus Psalm 68: „Gott erhebt sich, seine Feinde müssen zerstieben; es fliehen vor seinem Angesicht, die ihn hassen. Sie müssen verwehen, wie Rauch verweht; wie Wachs zerfließt vor dem Feuer, so schwinden dahin vor Gottes Antlitz die Sünder.“ Außerdem muss man sich dreimal schnell linksherum drehen und sich dabei bekreuzigen. Die Vorstellung, sich linksherum zu drehen, mag albern, ja kindisch wirken; sie gründet aber auf der Idee der Bewegung oder des Abwerfens der negativen Beziehungen, die die Egregore womöglich zu einem unterhalten. Es ist so, wie wenn man sich schnell wegdreht, weil man nicht berührt werden will. Die Linksdrehung ist zugleich die Bewegung in die Richtung, die in der Ritualmagie mit dem „Bannen“ verbunden ist. Schnelles Drehen und Singen werden mit dem Hervorbringen der Lebensenergien gleichgesetzt.

Die Kreuzessymbolik ist sowohl wegen ihres klassischen religiösen als auch wegen ihres esoterischen Wertes sehr bekannt. In seinem

Buch *The Nature and Use of Ritual for Spiritual Attainment* stellt Professor Peter Roche de Coppens fest:

> In der ägyptischen Religion können wir die direkteste und ausdrücklich „exoterische“ Aussage über das Kreuz sowie seine innere und praktische Bedeutung finden. Die Ägypter bezeichneten das Ankh als das Zeichen des Lebens, als „Tor“ zum Erwachen und erneuerten geistigen Leben. Die Christen verbanden es mit ERLÖSUNG, AUFERSTEHUNG und WIEDERGEBURT. De facto ist also zentraler Zweck des Bekreuzigungsrituals, durch *Aktivierung bestimmter Schlüsselzentren am Lebensbaum* das geistige Leben des Menschen aus seinem gegenwärtigen Schlaf oder seiner Latenz zu „erwecken“. Es ist das einfachste, direkteste, sicherste und effektivste Mittel, wie man sein Bewusstsein „umschalten“, den Vorrat latenter geistiger Energie im eigenen Inneren anzapfen und eine bewusste „Brücke“ oder eine innere Beziehung zwischen dem eigenen Bewusstsein und dem Überbewussten herstellen kann.
>
> Durch das Ritual der Bekreuzigung wird der Sprung vollzogen zwischen dem „Naturzustand“ und dem „Zustand der Gnade“, zwischen normalem und geistigem Bewusstsein, und der Eingeweihte verbindet sich mit seinem „Angriffspunkt“ oder „Energieregler“ in den inneren Welten.[98]

Außer zu bestimmten Sefiroth oder Sphären des kabbalistischen Lebensbaums, die mit Kopf, Schultern und Brust (sowie in der Verlängerung mit Lenden und Füßen) verbunden sind, haben die vier Arme des Kreuzes auch einen Bezug zu den vier Himmelsrichtungen sowie den ihnen zugeordneten Erzengeln, Cherubim oder Evangelisten-Symbolen und den klassischen Elementen. In der Mitte des Kreuzes sitzt das Mysterium. Ihm wird häufig der Bereich der spirituellen Leere, in der hermetischen Kabbala der hebräische Buchstabe *Schin* sowie die Rose der Rosenkreuzer zugeordnet. In protestantischen Kreuzesdarstellungen findet man auch die Buchstaben I.H.S. und I.N.R.I., entweder alleine oder mit einer Tudorrose mit fünf Blütenblättern. Diese Symbole haben ebenfalls exoterische, esoterische und einweihende Bedeutung, die bei jedem Vollziehen des Rituals zu Bewusstsein gebracht wird.

DIE ZERSTÖRUNG EINES EGREGORS – FEUER UND SCHWERT

Um sich dem Einflussbereich eines Egregors zu entziehen, insbesondere eines religiösen, esoterischen oder sogar politischen Egregors (besonders, wenn es ein ritualistisches Schema gibt wie im Nationalsozialismus und Kommunismus oder bei jeder Form der Idealisierung der Leitung oder des jeweiligen Glaubens oder Codexes), müssen die mit der Organisation oder Bewegung verbundenen Gegenstände vernichtet werden. Feuer ist das wichtigste Mittel zur Trennung und Zerstörung der energetischen Verbindung. Diese Trennung und Vernichtung findet auf persönlicher Ebene statt, kann aber auch auf die größere Gruppe erweitert werden.

Deshalb zerstören Besatzungsarmeen oft die Symbole des besiegten Feindes. Die Revolutionäre im Frankreich des Jahres 1789, die Sowjetunion in Nazideutschland 1945, die chinesischen Kommunisten in Tibet 1959, die Zeit der Kulturrevolution von 1966 bis 1976 und die Zerstörung von Denkmälern, Schriften und Gebetsstätten durch verschiedene islamistisch-fundamentalistische paramilitärische Kräfte gehören zu den augenfälligsten Beispielen in der modernen Geschichte. Während der geistige oder Intelligenz-Aspekt des Egregors sehr lange auch ohne physischen Anker, ohne Anhänger oder Rituale weiterleben kann, die ihn nähren, vermag sein emotionales oder astrales Gegenstück infolge einer solchen Zerstörung seine Anwesenheit in der physischen Welt nicht mehr aufrechtzuerhalten.

Daher können manche Egregore selbst nach jahrhunderte- oder sogar jahrtausendelangem Nichtgebrauch wiederbelebt werden – ein gut gehütetes Geheimnis der operationellen Magie. Einem Artikel zufolge, der 1929 in einer von Julius Evola herausgegebenen esoterischen Zeitschrift erschien (und in Anhang Zwei dieses Buches nachzulesen ist), haben Bemühungen, den Egregor des Römischen Reiches wiederaufleben zu lassen, zum politischen Aufstieg von Benito Mussolini geführt. Die ersten Anzeichen waren 1913 zu „sehen“ und 1919 vollständig ausgeprägt. Dies bedeutet, dass ein Egregor der Überlieferung zufolge abgewandelt werden kann, wobei ein bereits existierender schwacher oder sogar „toter Egregor“ (eines längst verschwundenen Kults) im Zuge seiner Wiederbelebung leichter zu modifizieren ist als ein bereits existierender starker und vitaler Egregor. Dies haben wir wohl vor uns, wenn vom zyklischen Öffnen und der Wiedererweckung von Christian Rosenkreutz aus seinem „Grab“ die Rede ist.

Bei der rituellen Vernichtung uralter Bücher oder anderer Gegenstände oder von Menschen im Feuer bedeutete die Formel „nicht einmal ihre Namen oder Zeichen sollen übrig bleiben“ eine vollständige Auslöschung all dessen, was den Kult symbolisiert, damit sein Egregor keinen Angriffspunkt in der physischen Welt mehr hat. Dies mag der Grund dafür sein, warum gewöhnliche Verbrecher traditionell erhängt (oder im Römischen Reich gekreuzigt), Straftäter aus höheren Gesellschaftsschichten geköpft (ein Privileg, das Paulus sowie später Königen und Königinnen zuteil wurde), Hexen und Ketzer aber auf dem Scheiterhaufen verbrannt wurden.

OKKULTE UND ESOTERISCHE ZUSAMMENSCHLÜSSE

Der folgende Brief wurde dem bekannten Physiker, Okkultisten und Magier Dr. Joseph Lisiewski gesandt und in dessen vierteljährlich erscheinender Zeitschrift *Howlings from the Pit* veröffentlicht. Ein Nachdruck erschien später in seinem gleichnamigen Buch, in dem verschiedene Artikel aus der Zeitschrift sowie die dazugehörigen Leserbriefe zusammengestellt waren. Der Brief war zunächst anonym erschienen. Sein Inhalt zeigt deutlich, welch subtilen, alles durchdringenden Einfluss ein magischer Egregor hat.

Mehrere Jahre lang lagen meine magischen Werkzeuge in einer Holzkiste unter meinem Altar, eingeschlagen in bunte Seidentücher und selten benutzt. Bei ihrer Herstellung habe ich sehr viel über mich selbst und über die Magie gelernt. Insbesondere, dass die Anfertigung der Werkzeuge der eigentliche magische Akt ist und nicht ihre Weihe. Diese ist bestenfalls antiklimaktisch. Zweitens, und dies beim Herstellen, dass die Vorbereitung oder der Weg das Wichtige ist – dies bestimmt, wie wir das Endziel erleben. In diesem Falle ist die Vorbereitung auf ein Ritual wichtiger als die Frage, wie gut wir das Ritual durchführen; tatsächlich zeigt sich an unserer Durchführung, wie auch an den Ergebnissen, wie gut wir uns vorbereitet haben.

Meine [magischen] Werkzeuge zu zerstören, war ein bescheidener Preis, den ich bezahlen musste, denn ich habe sie mit Freude hergestellt, und sie erinnerten mich an viele schöne Stunden mit Freunden und Kollegen auf dem Weg. Sie zu zerstören, bedeutete, einen Schritt nach vorne zu tun, das war klar. Also griff ich an einem Dienstag (dem Tag des Mars) zu einem Eispickel, und mit einem sauberen Hieb entstellte ich jedes Werkzeug, nachdem ich zuvor – laut – ein kurzes Gebet gesprochen und dem Werkzeug für alles gedankt hatte, was ich von ihm gelernt hatte. Außerdem sagte ich, mit dem Hieb sei seine Energie freigegeben und unsere Verbindung abgebrochen. Der Lotosstab wurde in zwei Stücke geteilt, das Schwert gehämmert und verbogen, ebenso die Klinge meines Dolchs, der Kelch in sein Seidentuch gewickelt und zerschlagen und dann alles dem Wasser und dem Feuer übergeben, um etwa noch verbleibende ätherische Verbindungen auszulöschen.

Mit dem Zerbrechen des Lotosstabs, des ersten Werkzeugs, wurde eine ungeheuer große Energie freigesetzt, und ich fühlte mich befreit. Es war ein echtes, körperlich spürbares, tiefsitzendes Gefühl. Dies ist unbedingt zu betonen.

Das Resultat war, dass meine sensorische und mentale Klarheit nach Abschluss der Zerstörung dieser Werkzeuge drastisch zunahm, meine Verbindung zum Materiellen und mein Gespür für das Geistige im Materiellen (Kether ist in Malkuth und Malkuth ist in Kether) sich verbesserte und vor allem eine gewaltige Öffnung in meinem Solarplexus eintrat.

Diese Öffnung war wie ein Energietunnel, der von mir ausging, und irgendwie wie bei einem Wurmloch, da es nur die Endpunkte gab und keine Wahrnehmung der eigentlichen Verbindungslinie, eine Verbindung zu meiner Hypophyse (am unteren Rand des Kopfes).

Als ich meine abendliche Meditation halten konnte, entzündete ich meine Kerzen und saß. Sowie ich mich entspannte, bildete sich im Abstand von etwa drei Metern eine deutlich erkennbare Energiekugel um mich herum. Dies geschah ganz von selbst und kam aus meinem Solarplexus. Was normalerweise von mir hätte angestoßen werden müssen, manifestierte sich einfach ganz von allein.[99]

ZUFLUCHT BEI EINEM EGREGOR?

Wie bereits betont, herrscht aus theologischer Sicht Uneinigkeit darüber, ob es möglicherweise auch positive oder gesunde Egregore geben kann. Man kann durchaus behaupten, dass vom Standpunkt höchster Erkenntnis oder Erleuchtung schließlich und letztendlich alle Egregore bestenfalls restriktive Kräfte sind, von denen wir uns befreien müssen. Wie der französische Alchemist Dubuis zu sagen pflegte: „Am Ende der Zeit, wenn du vor dem Vater, dem Nichts, stehst und gefragt wirst: ‚Wer bist du?', wirst du antworten: ‚Ich bin Freiheit.'"

Doch für viele ist ein positiver Egregor eine geistige Zuflucht, ein Hafen im Sturm des Lebens, und so sollten sie auch verstanden und genutzt werden. Noch einmal zitieren wir Mouni Sadhu, der darauf hinweist, wie man vermeidet, unter den negativen psychischen Einfluss von Magie oder eines Egregors zu geraten.

> Die Hermetische Überlieferung empfiehlt die einzige allgemeingültige Abwehr gegen Invultuation [die Herstellung von Abbildern von Menschen zum Zweck magischer Verzauberung]: SCHLAFE NICHT – im Sinne von sei nicht passiv oder abgelenkt. … (1) Bete … wer furchtlos ist, den kann man kaum invultuieren und dadurch gefährden; (2) sei mit den klaren Formen in deinem Bewusstsein beschäftigt, die du selbst ausgewählt und erzeugt hast, damit dir nichts von außen angeheftet wird. … Schließe dich einem bestimmten guten Egregor an, der deiner Kontemplation entspricht, damit du dich nicht

in den Ketten eines fremden, bösen Egregors verfängst. … (3) Sorge für ein vernünftiges Maß an Bewegung. … Sei also nicht der Krebs, der sich in die Pfütze zurückzieht, lasse dir von Wolf und Hund nicht Angst einjagen, dann werden sich deine Blutstropfen nicht auf den Wegen finden, die allem und jedem dienen.[100]

Punkt eins – nicht ablenken lassen

Das Diktum, sich nicht ablenken zu lassen, gilt auch für das Alltagsbewusstsein. Man sollte schlicht nicht zulassen, dass die Gedanken abwandern, indem man Fernseher oder Radio laufen lässt. Ebenso wenig sollte man sich ziel- und gedankenlos durchs Internet klicken oder Videospiele spielen, um tagsüber ein Gefühl der Langeweile zu unterdrücken. Erfüllen Sie jede Aufgabe mit voller Aufmerksamkeit und wenden sich dann der nächsten zu. Die Medien sowie ihre zugehörigen Klänge und Bilder sind der verlängerte Arm verschiedener Egregore. Begrenzen Sie Ihren Medienkonsum, und zwar ganz bewusst. Machen Sie jeden Gedanken zu einem Gebet, indem Sie Ihren Geist mit den Ideen und Bildern füllen, die ihm am besten dienen.

Punkt zwei – Eindeutige Formen im Bewusstsein

Hier wählen wir Bilder aus und lernen sogar, sie zu erzeugen, damit wir selbst Herr über unseren Geist sind und nicht zur Beute äußerer Kräfte werden. „Klar" bedeutet, dass es keinerlei Zweideutigkeit hinsichtlich ihrer Bedeutung oder ihres Vorhandenseins gibt und es daher nur beschränkt möglich oder sogar ausgeschlossen ist, dass eine äußere Handlungsmacht uns mit einer Idee oder einem Bild manipulieren kann. Zu diesem Zweck sind wir dann in der Lage zu entscheiden, ob und wann wir uns an einem Egregor beteiligen wollen, und wir wissen, warum wir dies tun, statt aus blinder Hoffnung oder Angst zu handeln.

Punkt drei – Bewegung

„Gesunder Geist, gesunder Körper“ ist der Schlüssel gegen Trägheit und leichte Ablenkbarkeit. Die physische Welt ist die Welt der *Aktion*; lernen Sie, aktiv zu sein, und lassen Sie Denken, Reden und Handeln zusammenfließen, um die gewünschten Ergebnisse zu erzielen – dies ist der Kern der Magie.

Ein selbst entwickeltes Aussteigerprogramm

Die Loslösung aus dem Einfluss eines Egregors ist mehr als bloß der Austritt aus einer Gruppe – es ist eine völlige Neuorientierung der eigenen Lebensziele und Lebensrichtung. Deshalb ist sie oft schwierig, denn es ist genauso, wie man es bei der Ablösung aus destruktiven, das Bewusstsein kontrollierenden Sekten kennt. An dieser Stelle muss gesagt werden, dass alle Egregore ein Kult im klassischen Wortsinn, nicht aber im modernen, abwertenden Sinn einer Sekte sind. Doch dessen ungeachtet, das hohe Maß an emotionaler Energie, die Sozialdynamik, die gemeinsamen Ziele und Werte und die starke „familiäre“ Identifikation und Struktur tragen dazu bei, dass es emotional schmerzlich und schwierig wird, sich – aus eigener Kraft und ohne fremde Hilfe – von einem Egregor zu lösen.

Noch einmal, dieser Prozess beschränkt sich nicht auf religiöse und spirituelle Konstrukte, sondern ist leicht in einer breiten Vielfalt von Lebenserfahrungen zu erkennen. Überall gibt es Menschen, die nie über ihre Schul- oder Studienzeit hinauswachsen, insbesondere dann, wenn sie in ihrer Schule oder Uni in einer Sportmannschaft waren. Warum? Natürlich besteht eine emotionale Bindung. Allerdings sind sportliche Aktivitäten eindeutig auch kollektive ritualisierte Ereignisse, bei denen um eine feststehende Identität herum – häufig verkörpert durch das Schul- oder Mannschaftsmaskottchen – viel sexuelle Energie in eine psychische Kraft mit einem klar definierten Zweck umgesetzt wird. Das gesamte Cheerleading hat einzig und allein die Funktion, durch Musik, Tierkostüme und Logos sexuelle und psychische Energie zu verstärken. Es ist nichts Geringeres als ein religiöses Ritual, bei dem sich die Teilnehmenden zu einer einzigen Identität und einem einzigen Zweck vereinen.

Dasselbe beobachten wir bei Menschen, die beim Militär waren. Selbst wenn ihre Dienstzeit kurz und ereignislos verlief, ist es nicht ungewöhnlich, diese Männer auch nach zwanzig oder dreißig Jahren noch in olivfarbenen Shirts, Mützen aus Militärbeständen und „Baseball-Caps" mit Streitkräfte-Logo zu sehen. Wahrscheinlich haben sie auch Militäraufkleber an ihren Autos. Und wie bereits gesagt: Auch die Massenmedien produzieren ähnliche Kultphänomene um einzelne Künstler, Sendungen und Filme, um die herum sich dann Fanclubs und eine ganze Kultur entwickeln. Das neuere Phänomen, dass fiktionale Geschichten geradezu die Dimension einer heiligen Schrift annehmen, erklärt sich eindeutig durch den Gebrauch des Begriffs „Kanon" für die Urfassung im Gegensatz zu dem, was von Fans geschaffen wird oder später hinzukommt. Diese religiöse Dimension sollte nicht übersehen oder leichtfertig von der Hand gewiesen werden, denn es deutet auf die psychische und spirituelle Schwäche der heutigen Kultur hin.

Man sollte nicht erwarten, dass man sich dem psychischen Einfluss eines Egregors bereits entzogen hat, bloß weil der physische Kontakt zu ihm eingestellt und mit ihm verbundene Erinnerungsstücke entfernt worden sind. Um die entstandenen psychischen und physischen Lücken zu füllen, braucht man einen Plan, ein Ziel und einen Sinn für sein Leben. Als einschneidendes, lebensveränderndes Ereignis hat die Ablösung vom Einfluss eines Egregors und der physischen Entität, die ihn unterhält, Ähnlichkeit mit der Anpassung an ein neues Leben nach dem Ausscheiden aus dem Arbeitsleben, nach einem Todesfall oder der Überwindung einer Sucht. Je nachdem, wie lange man in einer bestimmten Vereinigung war, muss man mit einer Trauerphase rechnen, und der gesamte Prozess, bis man sich gelöst, die damit zusammenhängenden Ereignisse umfassend verstanden und eine neue Richtung im Leben gefunden hat, kann bis zu zwei Jahre dauern. Vereinfacht kann man sagen, dass der Prozess des Ablösens für jedes Jahr, das man mit dem Egregor zu tun hatte, etwa einen Monat dauern kann. Dies ist zwar nur eine allgemeine Faustregel, aber sie stellt zumindest einen Richtwert für den Heilungs- und Wiederaufbauprozess dar.

Wenn Sie sich also von einem unerwünschten Einfluss befreien wollen, dann ergreifen Sie Maßnahmen und halten sich fürs Erste an folgende Punkte. Selbst wenn Sie nicht sicher sind, ob der Bruch dauerhaft sein soll, sondern lediglich herausfinden wollen, wie viel Einfluss bestimmte Ideen oder Aktivitäten auf Ihr Leben haben, wird Ihnen das Folgende von Nutzen sein.

Legen Sie alles, was mit Ihrem erkannten Egregor verbunden ist, in eine Schachtel. Stellen Sie diese Schachtel für die Dauer dieser Übung in einen Schrank, sodass Sie sie nicht sehen können, oder geben Sie sie jemanden zur Aufbewahrung: Mindestens einen Monat, idealerweise sechs Wochen. Achten Sie in dieser Zeit darauf, worauf sich Ihre Gedanken und Gefühle unbewusst richten. Achten Sie auf die Häufigkeit ihrer Gedanken. Überlegen Sie in dieser Zeit auch, ob und was Sie anstelle des Bildes, des Buches oder der Statue aufstellen würden. Was fangen Sie mit Ihrer Zeit an? Was kreieren Sie? Wie drücken Sie sich aus? Achten Sie dabei auf alle negativen Gefühle, die bei dem Gedanken aufkommen, etwas außerhalb Ihres alten Egregors zu tun, und ebenso auf die Freude und positiven Gefühle, die sich einstellen, wenn Sie an Ihre neuen Möglichkeiten und Erfolge denken. Vielleicht finden Sie eine Möglichkeit, beides in Einklang miteinander zu bringen, oder Sie entscheiden sich für die Rückkehr. Womöglich schlagen Sie auch eine völlig andere Richtung ein. Aber ganz gleich, was Sie tun, jetzt tun Sie es aufgrund Ihrer persönlichen Entscheidung, als Ausdruck Ihrer selbst und in Freiheit.

„DAS NARRATIV KONTROLLIEREN“

Das gesamte Tun eines Egregors – sei er eine politische Philosophie, eine Familiengeschichte, ein kultureller Mythos oder eine einweihende Organisation – lässt sich mit der im englischen Sprachraum sehr verbreiteten Wendung „controlling the narrative“ (das Narrativ kontrollieren) zusammenfassen. Das Narrativ zu kontrollieren, bedeutet, die Erzählung selbst in der Hand zu haben und zu steuern, was die Menschen zu hören bekommen, was sie glauben und wonach sie handeln sollen – alle drei Elemente müssen vorhanden sein. Es genügt nicht, dass andere die Geschichte hören, sie müssen sie auch *glauben*, und aus dieser Glaubenshaltung heraus so handeln, wie das Narrativ es ihnen vorgibt. Noch einmal, dies ist nicht immer etwas Negatives, und es gibt Egregore, die manchen Menschen guttun – man denke nur einmal daran, wie viele Menschen eine Sucht, gesundheitliche Beeinträchtigungen oder schwere emotionale Belastungen mithilfe einer sinnvollen Selbsthilfegruppe überwinden.

Wenn wir uns jedoch dem Einfluss bestimmter Gruppen entziehen wollen, müssen wir uns darüber im Klaren sein, dass wir jetzt das Narrativ unseres Lebens – seine Erzählung und ihre Werte – selbst bestimmen und kontrollieren müssen. Dies erreichen wir durch die Lektüre zuvor „verbotener“ Literatur oder durch Aktivitäten, die bisher verpönt waren. Damit soll nicht Rücksichtslosigkeit oder Maßlosigkeit gefördert werden, sondern es soll zeigen, dass vieles von dem, wovon verschiedene Gruppen ihren Mitgliedern abraten, relativ harmlos ist. Dies bedeutet auch, nicht nur über andere Ansichten nachzulesen, sondern sich ihnen eine Zeit lang aktiv anzuschließen und sie wertzuschätzen, selbst wenn man sie nicht vollständig übernehmen und damit den einen kontrollierenden Egregor gegen einen anderen austauschen möchte. Sich über das Thema, dem man sich einst verschrieben hatte, umfassend zu belesen, kann sogar helfen, die Wunden zu heilen, die durch eine sklavische und schwärmerische Hingabe an eine begrenzte Sichtweise geschlagen worden sind. Üblicherweise lässt man sich aus Unwissenheit und Sicherheitsbedürfnis auf eine solche Hingabe ein und nicht mit Wissen, Selbstbewusstsein und Mut.

SCHLUSS

Ideen und ihre Folgen

Am Ende können wir nachvollziehen, dass Egregore, falls die Alten recht hatten, auch Lebewesen sind. Ein Egregor hat einen Körper, einen Geist und einen Zweck, der ihn von anderen Wesen – auch anderen Egregoren – abhebt, und er hat die Macht, auf allen drei Ebenen zu handeln: Auf der materiellen, der psychischen (Gefühle) und der mentalen (Ideen). Er ernährt sich von den Gefühlen derer, die an ihm beteiligt sind, und erfüllt bestimmte Erwartungen und Wünsche seiner Schöpfer und Anhänger.

Rein funktional betrachtet, ist es irrelevant und höchstens von akademischem Interesse, ob ein Egregor nur im klassischen Sinne existieren kann oder ob wir auch eine Gedankenform als Egregor betrachten können. Ebenso irrelevant ist, ob Gedankenformen auch als tatsächliche psychische Wesenheiten existieren – da die modernen Medien zeigen, dass Ideen (oder Meme) in der Absicht entwickelt werden, die Meinung der Masse, und damit das öffentliche Handeln, zu manipulieren. Die Effektivität, mit der Meme „lebendig" werden (d. h. „viral gehen") können, ist erwiesen, auch wenn dies nur kurze Zeit anhält. Alle Massenmedien, Werbung, Marketing, Massenpsychologie und sogar die oft belächelte Idee der „Archetypen" sind wirksame Ausdrucksformen der Ideen und Aktionen, die der antike und der moderne Okkultismus bezüglich „Egregoren" entwickelt haben.

Wir sind von diesen Schöpfungen umgeben und tragen ebenso zu ihrem Leben bei wie sie zu unserem. Dabei kommt es darauf an, dass wir uns als Einzelne bewusst werden, dass die tägliche Informationsflut, der wir ausgesetzt sind, weder harmlos ist noch ohne Folgen bleibt. Jede einzelne Idee hat eine Funktion und steht mehr oder weniger im Wettbewerb um unsere Aufmerksamkeit und damit um unsere Lebenskraft und Energie auf allen Ebenen. Um wirklich zu begreifen, welche Macht Ideen haben, müssen wir aufhören, in Begriffen von „gut" und „böse" zu denken. Gut und Böse sind lediglich Konstrukte ohne jede Verwurzelung in einer einzelnen, absoluten und universellen Doktrin oder Erfahrung. Dies ist ein erschreckender Gedanke, aber es ist auch eine Realität, die allen, die Egregore erschaffen – ganz gleich, ob es sich dabei um Kanäle esoterischer Einweihung oder politische Meme handelt – sehr wohl bewusst ist. Vollständig zu Ende gedacht, müssen wir akzeptieren, dass es „kein Gut oder Böse gibt, sondern nur Ideen und ihre Folgen".

Diese Realität zu erkennen, ist der erste Schritt zu ihrer Überwindung. Unseren eigenen Geist, die Macht der Suggestion, kennenzulernen, uns bewusst Ziele zu setzen und unseren eigenen Weg zu gehen – selbst wenn dies bedeutet, dass wir uns, wenn auch nur vorübergehend, an Egregoren beteiligen, die uns guttun – dies alles erlaubt uns, Meister unseres eigenen Lebens zu werden und keine Schachfigur im Leben eines anderen.

ANHANG EINS

Persönliche Berichte über die Lösung von einem Egregor

Es ist völlig klar, dass viele Menschen positive Erfahrungen mit verschiedenen Organisationen und ihren zugehörigen Egregoren haben. Dies *kann* sich jedoch irgendwann ändern. Zum Vergleich zeigen wir mehrere Beispiele für Personen, die sich aus drei sehr unterschiedlichen spirituellen Organisationen gelöst haben. Die Beispiele sind dramatisch und wurden eben deshalb ausgewählt. Es bleibt jeder Leserin und jedem Leser selbst überlassen, die Aussagen der folgenden Menschen mit ihren eigenen Erfahrungen zu vergleichen und zu schauen, ob sich darin etwas findet, was für sie von Wert ist, um ihre eigene spirituelle Reise besser zu verstehen.

„JE AUSGEPRÄGTER DAS ESCHATON, DESTO ENGER DIE SCHRAUBEN DES EGREGORS“

Von einem ehemaligen Mitglied einer tibetisch-buddhistischen Organisation

Meine Erfahrung mit einer hoch angesehenen tibetisch-buddhistischen Gruppe endete nach 27-jähriger Mitgliedschaft. Ich war nur wenige Jahre nach der Gründung beigetreten. Damals war die Gruppe noch klein und intim, und alles lief „in yogischer Weise“ ab. Der philosophische Schwerpunkt lag auf der häufig so bezeichneten „Nichtdualität“ sowie deren unmittelbarem Erleben. Ich war mit der Transkription mündlicher Vorträge, mit dem Herausgeben von Büchern und sogar mit etwas Ghostwriting befasst. Vor allem aber stand ich einem der führenden Lehrer, einem Tibeter von Geburt, auch persönlich sehr nahe, was in althergebrachten Übertragungslinien sehr kritisch gesehen wird.

Als die Organisation wuchs, traten die dem Buddhismus innewohnenden missionarischen Ambitionen mit Macht zutage. Dazu gehörte auch, dass die Organisation zusätzliche Projekte übernahm, insbesondere in Indien und anderswo. Im Zuge dessen änderte sich in der Organisation der Ton, und es wurde mehr Wert gelegt auf den exoterischen Buddhismus sowie auf Bauprojekte im In- und Ausland – darunter Tempel, Stupas und sogar Schreine – außerdem auf die damit verbundene notwendige Ausbildung und den Unterhalt für Mönche und Nonnen in Indien sowie infolge der verschatteten Nichtdualität auch auf peinlich genaue Regeln.

Im Zuge meiner Beschäftigung mit dem Buddhismus habe ich von Anfang an ausgiebig Publikationen angesehener Tibetologen gelesen, die der Überlieferung wohlwollend gegenüberstehen. Es zeigte sich, dass es Brüche und Abweichungen gab zwischen den Angaben der Lehrer über die Geschichte und die Lehren und ihrer tatsächlichen Entwicklung. Mit den Bauprojekten, die die Organisation unternahm, versteifte, ja fixierte sie sich außerdem zunehmend auf Shakyamuni als den einzigen Architekten dieser Tradition. Es wurde verlangt, dass man uneingeschränkt akzeptierte und glaubte, Shakyamuni sei der Ursprung alles „Buddhistischen“; abweichende Meinungen wurde nicht zugelassen. Alles andere wurde als mangelnder Glaube, fehlendes Verständnis, ja unter Umständen sogar als etwas betrachtet, was den Schüler „wertlos“ oder der Lehren „unwürdig“ macht.

Polemiken gegen die alte Schule des Tibetischen Buddhismus beschreiben diesen wiederholt als extrem eklektische und heterodoxe Lehre – an der vieles schlicht und ergreifend nicht buddhistisch ist. Der Nachdruck, mit dem Shakyamuni als Ursprung aller neun Ebenen der tibetisch-buddhistischen Lehren dargestellt wurde, war rundweg unaufrichtig. Tatsächlich steht bereits die Vorstellung von Shakyamuni als großem Erneuerer stark zur Debatte. Vergleicht man den Buddhismus mit der älteren vedischen Kultur der Upanischaden, die zeitgleich neben ihm besteht, so zeigt sich, dass Shakyamuni nicht der großer Neuerer und Kulturrebell war, als den man ihn uns vorstellte. Experten für indische Religions- und Philosophiegeschichte betrachten ihn als einen von vielen Lehrern innerhalb dieses Denkens und nicht als einzigartige Gestalt. Tatsächlich bemühte er sich leidenschaftlich um die königliche Gunst, um Mittel für seine Bauprojekte einzuwerben – Klöster und Tempel. Seine einzige Leistung besteht in der Veränderung des Formats der Kernbotschaft, die an sich jedoch dieselbe blieb: Der Sinn des Lebens ist die Erleuchtung.

Dann waren da noch die wohlklingenden Phrasen über die absolute Göttlichkeit/Vollkommenheit des Universums im Hier und Jetzt. Tatsächlich jedoch unterscheidet der Buddhismus klar, hierarchisch und oft auch herablassend zwischen sich selbst und allem anderen, erhält diesen Unterschied aufrecht und verstärkt ihn. Damit verbunden wird stillschweigend vorausgesetzt, man werde das „Familienunternehmen, weltweit das Siegesbanner des EINEN Dharma zu hissen“, mit Freude weiter fortführen. Erneuerungen wird es nicht geben, weil die Lehren in vollkommener Weise offenbart, in vollkommener Weise weitergegeben worden und bis in alle Zeiten vollkommen sind. Wenn du dich der Aufgabe nicht anschließen kannst oder dein

Lebensweg anderswo hinführt, dann ist klar, dass du für die Lehren nicht bereit bist. Oder vielleicht fehlen dir bestimmte Eigenschaften – Glaube, heißt es üblicherweise – und als unwürdiges Gefäß bist du vielleicht im nächsten Leben besser ausgestattet, den Dharma zu verbreiten – wenn du ihm denn überhaupt begegnest.

Dies war etwas völlig anderes als das, was mir in der indischen Philosophie begegnet war, wie sie in der Bhagavad Gita zum Ausdruck kommt, in der es heißt, dass jeder Mensch seinen eigenen Dharma, sein eigenes Lebensziel hat und es besser ist, „dem eigenen Dharma folgend zu sterben, als mit dem Dharma eines anderen Erfolg zu haben". Hier, im Tibetischen Buddhismus, gab es keine Vielfalt der Dharmas – nicht einen für jeden Menschen – sondern nur den einen: *den* Buddha-Dharma.

Solche Nachforschungen und Schussfolgerungen waren nicht wohlgelitten, sondern wurden ebenfalls als Blasphemie betrachtet, so gut dies im Buddhismus eben möglich ist. Eines Tages lernte ich dann die Idee der Egregore kennen und erfuhr: „Die Sicht des Lamas ist nicht deine Sicht und muss dies auch nicht sein. Du kannst deine eigene Sicht deines Lebens und eine Vorstellung davon entwickeln, was du daraus machen möchtest." Dies war zwar ziemlich einleuchtend, doch da stand ich nun mit meinen fünfzig Jahren und stürzte in eine Krise hinsichtlich meines spirituellen Weges. Ich brauchte etwas weniger Einengendes und kulturell Konditionierendes. Mit zunehmendem Bewusstsein wurde mir klar, dass ich etwas brauchte, was nicht so eng an das große Ziel Erleuchtung gebunden ist – und dass meine persönliche Erleuchtung in keiner Weise an Wachstum und Erfolg dieser oder auch jeder anderen Organisation gebunden ist. In Wahrheit aber war meine persönliche Beziehung zu meinem spirituellen Lehrer nach und nach mit den übergeordneten missionarischen Zielen verquickt worden, die nun an den Tag gelegt wurden.

Ich respektierte die Leistung des Lamas und alles, was er für mich getan hatte, aber die Hoffnung auf einen weltweiten Dharma konnte ich nicht teilen, und zu einer weltweiten Bewegung auf Kosten meiner Selbsterkenntnis wollte ich nicht beitragen. Ich diente ihm, nicht der Mission, aus Hochachtung und Liebe, und doch drehte sich zunehmend alles um die Mission.

Je mehr ich hinterfragte, auch wenn ich dabei weiterhin diente, umso schwerer fiel es mir, ein „guter Praktizierender" zu sein. Dies lag daran, dass ein guter Praktizierender dem offiziellen Wortlaut nach zwar an seiner tatsächlichen Praxis gemessen wird, sich tatsächlich aber immer mehr herausstellte, dass unter einem guten Praktizierenden ein wertvoller und effektiver Funktionär der Sache – des Egregors – verstanden wurde.

Zeigte man sein Mitgefühl, das einem der institutionalisierte Buddhismus ständig aufträgt, auf andere Weise als in der ständigen Unterstützung der Organisation, so galt dies als minderwertig. Die vorgeschriebenen Praktiken, sein Mitgefühl allen „fühlenden Wesen" zukommen zu lassen, sind sehr konkret, und was nicht ausdrücklich genannt wird, wird sinngemäß oder wortwörtlich eindeutig als unwichtig bezeichnet.

Die unter der Bezeichnung „Bekenntnisse des weißen unbefleckten Königs" bekannte Praxis beinhaltet einen Korrekturmechanismus für alle Vorstellungen und Praktiken, die von den akzeptierten Verhaltens- und Lehrnormen abweichen. Trotz aller Behauptungen, der Buddhismus sei keine Religion, steht für mich fest, dass der Buddhismus (und insbesondere der Tibetische Buddhismus) ein organisiertes, hierarchisches Gefüge ist, das völlige Unterwerfung fordert – stets sehr freundlich, mit einem Lächeln, subtil und suggestiv, aber eben doch Unterwerfung.

Als nach dreißig Jahren die ersten westlichen Menschen zu Lamas (Lehrern) ernannt wurden, wurden wir angewiesen, ihnen bedingungslose Ehrerbietung zu erweisen. Doch für viele von uns, die von Anfang an dabei gewesen waren, verfügten die drei Lamas, die erkennbar mit Ehrgeiz bei der Sache waren, nicht über spirituelle Tiefe.

Als ich mich eingehender damit beschäftigte, in welcher Form die Lehren dargestellt wurden, wurde mir auch klar, wie wichtig dies ist, denn man war Teil der Bodhisattva-Armee, die am Ende des Kali-Yuga (des Eisen-Zeitalters) über die „Barbaren" (die Muslime) siegen würde. Dies war eine zentrale Doktrin der verschiedenen Schulen des Tibetischen Buddhismus im Allgemeinen und der Kalachakra-Lehren im Besonderen. Diese apokalyptische Vorstellung war anderen Versionen, die ich von verschiedenen christlichen und New-Age-Gruppen gehört hatte, nicht unähnlich, und offenbar gilt: „Je dramatischer das Eschaton, desto enger die Schrauben des Egregors." Wenn man immer stärker an mir festhielt, dann eindeutig im Dienst an der Sache, damit ich Soldat in der künftigen spirituellen Armee würde, aber nicht, damit ich zur Selbst-Erweckung gelangte. Zunehmend mehr kam es allein auf den Dienst an der Sache an, nur dies wurde verlangt, betont, anerkannt und belohnt.

Deshalb zog ich mich nach fünfundzwanzig Jahren zurück. Es war nicht leicht und ist es auch heute immer wieder einmal nicht, denn ich hatte mein ganzes Leben darum herum eingerichtet, und meinen spirituellen Vater zu verlassen, war das Schwerste für mich.

Nach zweieinhalb Jahren kann ich rückblickend sagen, dass es wirklich so war, als hätte ich die vier Stadien der Trauer sowie ein selbst entwickeltes Aussteiger-Programm durchlaufen. Es gibt viele Gründe, warum das, woran wir beteiligt waren, als die „Linie der Goldenen Kette" bezeichnet wurde, und dies war wohl der unausgesprochene. Am Ende hatte ich das Gefühl, dass mein persönliches

Wachstum gefährdet war und es sich hier eindeutig um ein spirituelles Unternehmen handelte, dessen Überleben und Wachstum wichtiger waren als die des einzelnen Mitglieds, mit Ausnahme des Leiters. Aus meiner Erfahrung kann man gar nicht genug betonen, dass der Egregor sehr tiefgreifend ist. Darüber nachzudenken und über meine Erfahrungen zu sprechen, wirkt befreiend und löst mich endgültig aus seinem Einfluss.

„ES WAR BEINAHE WIE BEI H. P. LOVECRAFT!"

Von einem ehemaligen Mitglied einer weltweiten einweihenden Gemeinschaft

Meine Erfahrung mit Egregoren war gewissermaßen furchterregend. Erst als sich alles auflöste, begriff ich, dass mir etwas Greifbares, allerdings psychischer Art, eingepflanzt worden war. Der Tod des Großmeisters kam für viele überraschend, trotz seiner nachlassenden Gesundheit, seiner Einweisung ins Krankenhaus und seiner lebenslangen schlechten Gewohnheiten – unter anderem Rauchen. Die Überraschung zeigte mir, dass die, mit denen ich zusammenarbeitete, schlichtweg unaufmerksam waren. Irgendetwas verschleierte ihren Blick für das, was vor sich ging.

Aber dies ist in vielen Organisationen nicht ungewöhnlich; ich habe es in mehreren religiösen Bewegungen erlebt, in denen ich Mitglied war, und sogar in ganz alltäglichen Beziehungen. Hier war es dennoch etwas anderes, denn entgegen meines Wunsches war ich der anerkannte designierte Nachfolger an der Spitze des hiesigen Zweigs eines bekannten internationalen einweihenden Ordens mit einem beeindruckenden, zweihundert Jahre zurückreichenden Stammbaum.

Der Großmeister hatte häufig ein gewisses Missfallen über den Stand der Dinge geäußert. Insbesondere dass es dem Orden – trotz dreißigjährigen hingebungsvollen Dienstes an der Sache – nicht gelungen war, mehr als eine Handvoll Logen zu unterhalten, die bis zum Zeitpunkt seines Todes auf eine einzige geschrumpft waren. Es gab das übliche Problem der Spaltung und der Streitigkeiten um die wahre Abstammungslinie, unter dem im 20. Jahrhundert alle esoterischen Bewegungen im Westen zu leiden hatten, aber hier ging es um mehr.

Mir fiel auf, dass in den vergangenen Jahren über 80 % der Offiziere des Ordens gestorben waren, bevor sie das Alter von fünfundsechzig Jahren erreicht hatten, und zwar an ungewöhnlichen, kräftezehrenden Blutkrankheiten. Wenn man die einfachen Mitglieder mit einberechnete, betrug der Anteil immer noch erstaunliche 20 %. Zu den besonders merkwürdigen Fällen gehörte eine junge Frau, die seit einigen Jahren der einzige Neuzugang war. Wie sich herausstellte, litt sie an einer extrem seltenen genetisch bedingten Blutkrankheit, die sich mit ihrer Schwangerschaft nicht vertrug.

Ich selbst war zwar beim Tod des Großmeisters nicht zugegen, aber die Anwesenden notierten seinen Todeszeitpunkt. Im Augenblick seines Todes fühlte ich mich sehr krank und verspürte einen gewaltigen Schmerz in meiner Brust, als ob etwas herausgerissen würde. Es war so schlimm, dass ich mit dem Gedanken spielte, die Notaufnahme aufzusuchen. Offenbar war ich nicht der Einzige, dem es so ging. „Rekrutin Nr. 1“ hatte dasselbe Erlebnis, und selbst sie, die medizinisch vom Fach war, überlegte, ob sie spät am Abend noch in die Notaufnahme gehen sollte. Darauf folgten mehrere Tage lang seltsame Träume, Erbrechen, Herzrhythmusstörungen, ein Brennen, das vom Solarplexus zum Herzen zog und dann durch die Hände ausströmte, sowie ein akuter Asthma-Anfall (wie ich ihn seit über dreißig Jahren nicht mehr gehabt hatte).

Seit der Beerdigung (an der ich nicht teilnehmen konnte) hat sich meine Gesundheit wieder normalisiert, und meine Träume sind stabiler geworden. Aufgrund meiner Erfahrungen mit anderen esoterischen Bewegungen glaube ich, dass das, was in der Zeit unmittelbar nach dem Tod des Großmeisters geschehen ist, eine Folge der psychischen Einflüsse des Egregors, der seit über zweihundert Jahren sorgfältig gepflegt wurde, und seiner Beziehung zu den Offizieren und Mitgliedern dieses bestimmten Zweigs der Organisation war. Als ich das gerahmte Einweihungszertifikat in meinem Tempel von der Wand nahm, bemerkte ich eine spürbare Leichtigkeit in meinem Haus, was mich in meiner Auffassung bestärkte. Inzwischen habe ich die außergewöhnlich schöne schwarze Robe verbrannt, die ich von einem befreundeten Mitglied erhalten hatte, das kurz nach dem Versuch, eine eigene Loge zu gründen, an Krebs verstorben war. (Sein Ziel war es gewesen, sich für den Fall, dass der Großmeister sterben oder an geistiger Umnachtung leiden sollte, von der Mutterorganisation abzuspalten und einer schismatischen Gruppe anzuschließen.)

In der Loge, in der ich war, hat alle außer mir ein seltsames Schicksal ereilt. Einer, ein ungeheuer begabter, starker und klarer Mensch, hat eine fantastische Stelle auf künstlerischem Gebiet verloren, kurz nachdem er ans andere Ende des Landes gezogen war, um sie anzutreten. Ein anderer verlor seine Stelle bei den Vereinten Nationen, wurde schließlich 650 Kilometer weit wegversetzt und konnte in seiner Loge, anders als erhofft, nicht im Osten sitzen. Ein weiteres Mitglied verstarb an verschiedenen entsetzlichen Formen von Blutkrebs. Er war vor Kurzem in den Ruhestand gegangen und hatte an der Spitze seines Chapters gestanden. Nur zwei Jahre danach musste ich mitansehen, wie er, an seinen eigenen blutigen Körperflüssigkeiten erstickend, starb, nachdem die Dialyse nicht mehr wirkte. Er litt unerträglich, hatte große Angst und stand unter starken Medikamenten. Einem weiteren Mitglied drohten dreißig Jahre Gefängnis wegen Unterschlagung. Schließlich wurde er für nicht schuldig befunden. Er war in ständigem Gebet und ist ein wahrer Mann des Glaubens. Verbleibe nur noch ich. Ich bin verschont worden, aber nicht aus eigenem Verdienst. Ich schreibe es ständigem Gebet, einer liebevollen Ehefrau, die mich wieder dazu gebracht hat, gesunde Entscheidungen zu treffen, und der Gnade Gottes zu.

„RUFE NICHT AUF, WAS DU NICHT ABLEGEN KANNST!“

Der seltsame Fall des Charles Dexter Ward

Der Orden, in dem ich einst Mitglied war, unterhielt im ganzen Land Tempel im Stil des *Golden Dawn*, die man sich im Grunde als ebenso viele Schulen vorstellen kann. Jede Schule wurde von drei Personen geleitet: Einem *Cancellarius*, der für die Prüfungen zuständig war, einem *Praemonstrator*, in dessen Verantwortung die Ausbildung lag, und einem *Imperator*, dem die künstlerische Ausrichtung und die übergreifende Vision oblagen. Alle drei hatten bei den Zeremonien der Schule eine ganz bestimmte Rolle, und alle drei setzten in ihrer Arbeit innere mystische Techniken ein, wenn sie Schüler in die verschiedenen Grade der Schule einweihten.

Wie erwähnt, bestimmte der Imperator über die Vision der Schule, es lastete also viel auf ihm. Es gab auch Imperatoren, die als übergeordnete Repräsentanten der Schule fungierten und nicht unbedingt an eine einzelne Schule gebunden waren, sondern überall da einsprangen, wo ihre Talente gefragt waren. Die Imperatoren wiederum wurden von einem einzelnen Menschen an der Spitze des gesamten Ordens angeleitet und unterwiesen, dem *Chief*. Die Hauptaufgabe des Chiefs bestand in seiner Tätigkeit als Botschafter der Wesen, die als die „Secret Chiefs" bezeichnet wurden, und zwar deshalb, weil sie (1) die leitenden Kräfte waren, die die Existenz der Schule rechtfertigten, und (2) weil nur der Chief Kontakt zu ihnen hatte. Sie waren im besten Falle buchstäblich Geister, die die Schule leiteten, und im schlechtesten Falle nur Ausgeburten der Fantasie des Chiefs. Am treffendsten kann man die Secret Chiefs als Aspekte des Unbewussten des Chiefs beschreiben, ganz gleich, ob sie auch objektiv über eine Existenz verfügten oder nicht.

Es erübrigt sich zu sagen, dass der Chief notwendigerweise ein intuitiver Mensch war und diese Eigenschaft durch seine Tätigkeit als Seher für die Schule noch verstärkt wurde. Nicht allgemein bekannt war hingegen, wie sehr der Chief, der mit dieser speziellen Schule arbeitete, mit dem Okkulten verbunden war. Alles begann in den 1970ern, wenn ich mich an die Gespräche richtig erinnere. Einfach ausgedrückt, hatte der Chief ursprünglich keinerlei Berührung mit dem Okkulten, sondern schloss erst durch einen völligen psychotischen Zusammenbruch unglücklicherweise Bekanntschaft mit der Welt der Geister. Er beschrieb dies als plötzliche Lichtexplosion, die aus seinem Kopf kam. Etwa einen Monat lang verharrte er in einer kataleptischen Starre und wurde kurze Zeit in eine Anstalt eingewiesen. Man weiß nicht, wie er seine Beweglichkeit schließlich wiedererlangt hat, doch irgendwann wurde er wieder gesund, behielt aber eine außerordentliche Fähigkeit zu dissoziierten Zuständen bei. Dies klang sehr stark nach dem, was Carl Gustav Jung und Joseph Campbell als schamanische Krankheit oder Vorläufer eines gewissen Erwachens bezeichnen.

Aufgrund seiner zugegebenermaßen erstaunlichen Begabung zur Kommunikation mit Geistern, die ich selbst mehr als einmal aus nächster Nähe miterlebt habe, scharte er allmählich eine Entourage von Okkultisten um sich. Seine bevorzugte Kommunikationsmethode war ein Ouija-Brett, aber eigentlich war er ein nahezu völlig offenes Medium, das keinerlei Hilfsmittel brauchte.

Schließlich kam der Chief mit einer Gruppe von Geistern in Kontakt, die Interesse an der Arbeit im Rahmen einer Tempelstruktur im Stil des *Golden Dawn* hatten, wobei die Geister selbst die Leitung übernehmen würden. Mit anderen Worten, die Geister würden die Secret Chiefs. Die einzelnen Geister wechselten alle paar Jahre, aber alles Kommen und Gehen drehte sich um das übergeordnete Thema der Einrichtung einer okkulten Schule. Die Mitglieder seiner ursprünglichen Entourage wurden dann die Imperatoren der ersten Stunde. An dieser Stelle ist zu betonen, dass die Geister selbst den Chief als jemanden bestätigten, der ihre Lehren in unveränderter Form weitergab.

Doch so ungewöhnlich die Begabungen des Chiefs auch waren, andere Aspekte seiner Persönlichkeit waren unterentwickelt und kindlich. Aufgrund seiner Krankheit hatte er in vielerlei Hinsicht die Disziplin und Ethik eines Achtjährigen. Am besten lassen sich die Auswirkungen seiner psychischen Erkrankung so beschreiben, dass die Grenzen zwischen seinem bewussten und unbewussten Ich entweder vergleichsweise dünn oder ganz aufgehoben waren und seine Persönlichkeit nur sehr wenig Widerstandskraft gegen alles Unbewusste hatte. Seine Position als Herrscher über etwas so Fadenscheiniges und Unklares wie eine „spirituelle Schule“ verlieh ihm einen Grad an Autonomie, der geradezu erschreckend sein konnte.

Es gab Ausbrüche von Wut, Verwirrung oder blanker Raserei. Sexuelle Begierde war ein ständiges Problem. Er versuchte, jede Frau zu verführen, die in seine Nähe kam. Es gab eine Anzeige wegen Vergewaltigung und eine wegen Belästigung einer Jugendlichen.

Dies brachte die gesamte Schule und die Imperatoren in eine entsetzliche Lage: Sollten sie die Schule, die sie über Jahrzehnte aufgebaut hatten, einfach schließen? Sollten sie den Chief „absetzen“ und damit auch den Kontakt zu den Secret Chiefs verlieren?

Einige Imperatoren kamen auf eine dritte Möglichkeit: Selbst Kontakt mit den Secret Chiefs aufzunehmen und den Chief zu ignorieren, ohne ihn tatsächlich seines Amtes zu entheben. Er war älter und durch seine psychiatrischen Medikamente etwas stabiler geworden, und er hatte inzwischen eine Frau geheiratet, die für seine Erdung sorgte.

Aber der Kontakt der Imperatoren mit den Secret Chiefs musste ohne Wissen des Chiefs erfolgen. Die Kommunikation mit den Secret Chiefs war seine einzige Einflussmöglichkeit; im Gebrauch der anderen Techniken der Schule war er nicht sonderlich versiert, und eine Bedrohung seiner Position würde er nicht verwinden.

Die erste Kontaktaufnahme der Imperatoren mit den Secret Chiefs erfolgte durch ein sehr begabtes, verschlossenes Wunderkind des Chiefs. (Ich glaube, das war irgendwann in den 1980ern. Obwohl diese erste Generation immer in irgendeiner Weise Kontaktarbeit pflegte, war der Kontakt zu den Secret Chiefs allein dem Chief vorbehalten.) Langsam, gründlich und heimlich bildete dieses Wunderkind dann die anderen Imperatoren aus. Dies alles geschah entgegen den ursprünglichen Wünschen der Secret Chiefs, die aber offenbar die Notwendigkeit dazu einsahen.

Damit wäre dafür gesorgt, so hofften wir, dass wir als Einzelne, aber auch die Schule als Ganzes, die irrwitzigen Träumereien des Chiefs überstehen würden. Doch wie sich herausstellte, war die Natur der Secret Chiefs und des Egregors, den sie bildeten, ein wesentlicher Auslöser nicht nur für die psychische Erkrankung des Chiefs, mit dem sie zunächst Kontakt aufgenommen hatten, sondern auch für die Beschädigung und schließlich den Untergang der Schule als Ganzer. Ich glaube, dass mehrere Faktoren dazu beigetragen haben.

1. Die Secret Chiefs, die den Egregor gebildet hatten, verlangten rücksichtlos übermenschliche Anstrengungen. Sie erfanden Techniken wie den tagelangen Aufenthalt in einem Schrank und das Auspeitschen von Neuzugängen. Die schiere Schwierigkeit, den Secret Chiefs Folge zu leisten, brachte viele Aspiranten vom Weitermachen ab. Die Leute waren einfach ausgebrannt. Die wenigen Verbliebenen waren furchteinflößende Eiferer, was einen Abschluss von dieser Schule unattraktiv machte.
2. Der Kontakt zu den Secret Chiefs war für einige ein begehrtes Gut und verlieh Zugang zu vielen, ansonsten unbekannten Techniken. Mit diesem Kontakt war Macht verbunden, und ohne humanisierende Elemente, wie eine geeignete Ernährung und grundlegende Psychohygiene, machte diese Macht die Menschen wahnsinnig und grausam. (Da diese Wirkung bereits bei psychisch stabilen Menschen eintrat, kann man sich leicht vorstellen, welche Folgen sie für jemanden hatte, der noch von einer psychischen Erkrankung genesen musste.)

Ich hoffe, diese kurze Geschichte hilft allen, die sich Hoffnung machen, einer spirituellen Organisation vorzustehen, zu erkennen, welche Kräfte dabei im Spiel sein können und wie wichtig es ist, ein Mindestmaß an Klugheit und gesundem Menschenverstand walten zu lassen. Nur weil die Geister sich einen bestimmten Verantwortlichen wünschen, heißt dies noch lange nicht, dass man auf sie hören muss. Denken Sie immer daran, Sie selbst sind für Ihren spirituellen Weg verantwortlich, nicht Geister, nicht Chiefs und nicht Imperatoren.

Im Nachsatz möchte ich hinzufügen, dass die Methoden, die die Gruppe anwendete, unglaublich effektiv mystische Bewusstseinszustände herbeiführen konnten, dabei aber die schreckliche Nebenwirkung einer mittleren bis vollständigen Gehirnwäsche hatten.

ANHANG ZWEI

Bericht über die Wiedererweckung eines Egregors

Gegen Ende des Jahres 1929 brachte eine italienische esoterische Zeitschrift, herausgegeben von Julius Evola, folgende Erzählung, die beschreibt, wie eine Gruppe Okkultisten versucht, den Egregor des Römischen Reiches wiederzuerwecken, und dabei Benito Mussolini als Werkzeug benutzt.

DAS „GROSSE ZEICHEN“: VOR UND HINTER DEN KULISSEN

Gegen Ende des Jahres 1913 zeigten sich die ersten Anzeichen, dass etwas *Neues* die Kräfte der italischen Tradition rief. Diese Zeichen wurden von uns unmittelbar erkannt.

In unserem Arbeitszimmer fanden wir ein Blatt Papier, und keiner wusste, wie es dorthin gelangt sein konnte. Es zeigte die Skizze eines Weges, eine Richtung, einen Ort. Einen Weg über das moderne Rom hinaus; einen Ort, an dem der Geist der antiken Stadt überlebt hatte, sowohl dem Namen nach als auch in seinen stillen, erhabenen Überresten.

Hinweise von jemandem, der uns damals als Mittler zwischen dem Körperlosen und dem Körperlichen diente, bestätigten später den Ort und benannten einen Auftrag, ein Datum und einen Menschen, der damit betraut war.

Es war um die Zeit, die der Kraft der aufsteigenden Sonne in ihrem Jahreslauf heilig ist, nachdem sie das magische Haus des Widders berührt hat: In der Zeit der *Natalis Solis Invicti* [der Geburt der unbesiegten Sonne] und in einer Nacht dräuenden Regenwetters. Wir folgten dem Weg. Wir fanden den Ort.

Dass niemand die ungewöhnliche nächtliche Exkursion bemerkte; dass der Mensch, der uns führte, sich danach an nichts mehr erinnern konnte; dass keine unerwünschte Begegnung stattfand, dass sodann das Gitter der archaischen Gruft offenstand und der Wächter nicht zugegen war – all dies hatte sich wie „durch Zufall" so gefügt. Ein wenig Kratzen offenbarte eine Höhlung in der Wand. Darin befand sich ein länglicher Gegenstand.

Es kostete viele Stunden, bis die teerähnliche, über Jahrhunderte ausgehärtete äußere Umhüllung entfernt war und schließlich freigab, was sie geschützt hatte: ein Band und ein Zepter. Das Band trug die Zeichen eines Rituals.

Und das Ritual wurde vollzogen, Monat um Monat jede Nacht, ohne Ausnahme. Und mit Erstaunen spürten wir die Kräfte des Krieges und des Sieges nahen; und in seinem Licht sahen wir die antiken und erhabenen Gestalten der „Helden" der römischen Rasse erstrahlen; und versiegelt in der Brücke aus massivem Stein, die unbekannte Männer ihnen Tag für Tag in der tiefen Stille der Nacht errichtet hatten, war ein „untrügliches Zeichen".

Der grauenhafte Krieg, der 1914 für alle anderen unerwartet ausbrach – wir sahen ihn voraus. Wir wussten, wie er ausgehen würde. Beides wurde an dem Ort geschaut, wo die Dinge sind, bevor sie wirklich werden. Und wir sahen den machtvollen Akt, den eine okkulte Kraft aus dem Mysterium einer römischen Gruft verfügte; und wir besaßen und besitzen immer noch das knappe königliche Symbol, das ihm hermetisch die Wege in die Welt der Menschen öffnen sollte.

1917. Verschiedene Ereignisse. Dann der Zusammenbruch. Caporetto [Niederlage der italienischen Truppen gegen die Österreicher.]

Eine Morgendämmerung. Am klaren Himmel über Rom über dem heiligen Kapitolinischen Hügel die Vision eines Adlers; und dann, getragen von seinem triumphalen Flug, zwei funkelnde Kriegergestalten: die Dioskuren.

Ein Gefühl der Größe, der Auferstehung, des Lichts.

Inmitten der Verzweiflung über die tragischen Nachrichten aus dem großen Krieg sprach uns diese Erscheinung das erhoffte Wort: Die Ankündigung eines Triumphes war dem italischen Kalender bereits eingeschrieben.

Später, im Jahr 1919. „Zufällig" geschah es, dass dieselben Kräfte unter Einsatz desselben Menschen dem, der heute der Regierung vorsteht – und der damals Chefredakteur einer Mailänder Zeitung war – verkündeten: „Du wirst der Konsul Italiens sein." Ebenfalls „zufällig" wurde ihm die rituelle Form des Omens übermittelt – dasselbe wie auf dem päpstlichen Schlüssel: „*Quod bonum faustumque sit*" [Was gut und zum Heile sei].

Später. Nach dem Marsch auf Rom. Ein unbedeutender Fakt, ein noch unbedeutenderer Anlass. Aus der Menge, die dem Regierungschef huldigt, löste sich ein rot gekleideter Mann und überreichte ihm ein Liktorenbündel. *Dieselben Kräfte fügten dies*: Und sie fügten die genaue Anzahl der Ruten, ihren Schnitt und die rituelle Wicklung des roten Bandes; und sie fügten – wieder einmal – „zufällig", dass das Beil in diesem Bündel ein archaisches etruskisches Beil war, zu dem uns ebenso geheimnisvolle Wege führten.[101]

LITERATURVERZEICHNIS

Ambelain, Robert; *La Kabbale pratique: introduction à l'étude de la Kabbale, mystique et pratique, et à la mise en action de ses traditions et de ses symboles, en vue de la théurgie*, Bussière 1990 (Nachdruck der Ausgabe von 1951). Stavish zitiert aus: *Practical Kabbalah*, aus dem Französischen ins Englische übersetzt von Piers Vaughan. Diese Übersetzung ist nur zum begrenzten privaten Gebrauch bestimmt, ohne Datum.

Berman, Morris; *Coming to Our Senses*; Simon and Schuster 1988.

Butler, Walter Ernest; „The Egregore of a School", servantsofthelight.org/knowledge/the-egregore-of-a-school/

Colpe, Carsten und Holzhausen, Jens (Hrsg.), *Das Corpus Hermeticum deutsch*: Übersetzung, Darstellung und Kommentierung in drei Teilen, im Auftrag der Heidelberger Akademie der Wissenschaften bearbeitet und herausgegeben von Carsten Colpe und Jens Holzhausen, *Teil 1. Die griechischen Traktate und der lateinische „Asclepius"*, Frommann-Holzboog 1997.

David-Néel, Alexandra; *Die Geheimlehren des Tibetischen Buddhismus*, aus dem Französischen von Hans-Georg Türstig, Aira 2012 (Stavish zitiert aus: *The Secret Oral Teachings in Tibetan Buddhism*, City Light Books 1988).
–*Der Weg zur Erleuchtung: die verborgenen Lehren des Tibetischen Buddhismus*, aus dem Französischen von Erwin Reinisch, Aquamarin 2002 (Stavish zitiert aus: *Initiations and Initiates in Tibet*, Reprint edition, Dover Publications 2011).
–*Magier und Heilige in Tibet* (früherer Titel: *Heilige und Hexer: Glaube und Aberglaube im Lande des Lamaismus*, F. A. Brockhaus 1984), aus dem Französischen von Ada Ditzen, Goldmann 2005 (Stavish zitiert aus, *Magic and Mystery in Tibet*, Dover Publications 1971).

– *Mein Weg durch Himmel und Höllen: das Abenteuer meines Lebens*, aus dem Französischen von Ada Ditzen, Scherz 1986 (Stavish zitiert aus: *My Journey to Lhasa*, Harper Perennial 2005).

Dean, Charles Dana; *The Cathedral of the Soul: Its Origin, Purpose and Program of Services (Liber 777)*, Rosicrucian Order 1930, 8. Auflage 1950.

Dubuis, Jean; *Fundamentals of Esotericism*, The Philosophers of Nature 1987.

Ekatlos; „La ‚Grande Orma': La scena e le quinte.", *Krur*, XII, 1929.

Evola, Julius; *Rivolta contro il mondo moderno*, 1934; deutsch: *Revolte gegen die moderne Welt*, aus dem Italienischen von Friedrich Bauer, Ansata 1982 (Erstausgabe: *Erhebung wider die moderne Welt*, Deutsche Verlagsanstalt 1935); Stavish zitiert aus: *Revolt Against the Modern World*, Inner Traditions International 1995.

Godwin, Joscelyn; *Atlantis and the Cycles of Time*, Inner Traditions 2011; deutsch: *Atlantis: der Ursprung der Zivilisation*, aus dem Englischen von Astrid Ogbeiwi, Aquamarin 2014.
–*The Golden Thread*, Quest Books 2007.
–*The Theosophical Enlightenment*, State University of New York Press 1994.

Grant, Kenneth; *Against the Light*, Holmes Publishing Group LLC 1999; deutsch: *Gegen das Licht: eine nächtliche Erzählung*, aus dem Englischen von Wolf Kaminski, Edition Roter Drache 2016.
–*Outside the Circles of Time*, Frederick Muller Limited 1980; deutsch: *Jenseits der Zeitkreise*, aus dem Englischen von Wolf Kaminski, Edition Roter Drache 2012.
–*Remembering Aleister Crowley*, Skoob Books Publishers Limited 1993.

Guenther, Herbert, *Wholeness Lost and Wholeness Regained: Forgotten Tales of Individuation from Ancient Tibet*, Universitys of New York Press 1994.

Hilton, Isabel; *The Search for the Panchen Lama*, W.W. Norton and Company 2000; deutsch: *Die Suche nach dem Panchen Lama: auf den Spuren eines verschwundenen Kindes*, aus dem Englischen von Sigrid Langhaeuser, Beck 2002.

Lachman, Gary; *Politics and the Occult: The Left, the Right and the Radically Unseen*, Quest Books 2008.
–*A Secret History of Consciousness*, Lindisfarne Press 2003.

Lewis, Harvey Spencer; *Pronunziamento to All the World*, Rosicrucian Order AMORC, Zweite Auflage 1946.
–„Announcement" im *Rosicrucian Digest*, Januar 1930.

Lisiewski, Joseph; *Howlings from the Pit – A Journal of Old System Magic, Theurgy, and Goetia*, 8th Matrix Press 2017.

Machen, Arthur; *A Handy Dickens*, Constable and Company 1941.

Masters, Robert; *Swimming Where Madmen Drown – Traveler's Tales From Inner Space*, Inner Oceans Publishing 2002.

Masters, Robert und Houston, Jean; *Mind Games: The Guide to Inner Space*, Quest Books 1998 (Erstausgabe: Turnstone Press Limited 1980); deutsch: *Phantasie-Reisen: zu neuen Stufen des Bewusstseins: Ein Führer durch unsere inneren Räume*, aus dem Amerikanischen von Peter Orban, Goldmann 1989 (Erstausgabe: Kösel 1984).

McDonald, E. F.; *What Well Known Scientists Say About Telepathy*, Broschüre der Zenith Corporation, März 1938.

Moore, Alan; „Beyond Our Ken", Rezension von *Against the Light: A Nightside Narrative* von Kenneth Grant, *Kaos* 14 (2002), S. 155-162.

Rhine, J. B.; *The Reach of the Mind*, William Sloane Associates 1971 (Erstausgabe 1947); deutsch: *Die Reichweite des menschlichen Geistes: Parapsychologische Experimente*, hrsg. von Rudolf Tischner, aus dem Amerikanischen unter Mitwirkung von Rudolf Tischner von Karl Hellwig, Deutsche Verlags-Anstalt 1950.

Roche de Coppens, Peter; *The Nature and Use of Ritual for Spiritual Attainment*, Llewellyn 1985.

Sadhu, Mouni; *The Tarot*, Melvin Powers Wilshire Book Company 1968.

Salaman, Clement; van Oyen, Dorine; Wharton, William; Mahé, Jean-Pierre, *The Way of Hermes: New Translation of the Corpus Hermeticum*, Inner Traditions 2000.

Sédir, Paul; *Initiations*, A.-L. Legrand 1924; deutsch: *Aufbruch*, aus dem Französischen von Erika Classen, Reichl 1972; Stavish zitiert aus: *Initiations*, ins Englische übersetzt von Gareth Knight, Skylight Press 2014.

Stavish, Mark; *Rosicrucianism for the New Millenium*, IHS Monograph Series, hrsg. von Alfred DeStefano III, Band 9, Create Space Independent Publishing Platform 2016.
–*Studies in Poltergeists, Obsession & Posession*, IHS Monograph Series, hrsg. von Alfred DeStefano III, Band 6, Create Space Independent Publishing Platform 2016.
–*Wisdom's Bliss & Khamael's Spear*, IHS Monograph Series, hrsg. von Alfred DeStefano III, Band 7, Create Space Independent Publishing Platform 2016.

Tomberg, Valentin; *Die großen Arcana des Tarot: Meditationen*, Neuübersetzung des französischen Original-Manuskripts in Zusammenarbeit mit Franz Oesig, 4 Bände, Herder 1983 (Stavish zitiert aus: *Meditations on the Tarot – A Journey into Christian Hermeticism*, Tarcher/Putnam 1985).

Vallée, Jacques; *Passport to Magonia: From Folklore to Flying Saucers*, McGraw-Hill 1974.

Wasserman, James; *In the Center of Fire: A Memoir of the occult 1966-1989*, Ibis Press 2012.

Wilson, Colin; *The Mind Parasites*, Bantam Books 1968; deutsch: *Die Seelenfresser*, aus dem Englischen von Johannes Piron, März-Verlag 1983.

Wu, Baolin und Eckstein, Jessica; *Lighting the Eye of the Dragon: Inner Secrets of Taoist Feng Shui*, St. Martin's Press 2000.

Zalewski, Patrick; *Secret Inner Order Rituals of the Golden Dawn*, hrsg. von Joseph Lisiewski, Falcon Press 1988.

ANMERKUNGEN

Vorwort

* Das Buch Henoch, Kapitel 7, https://homepage.ruhr-uni-bochum.de/michael.luetge/Himmelsr.html (Stavish zitiert aus: The Book of Enoch, chapter 7, Sacred Texts Website www.sacred-texts.com/bib/boe/boe010.htm).

Präambel

1 Die deutsche Übersetzung ist entnommen aus: *Das Corpus Hermeticum deutsch*: Übersetzung, Darstellung und Kommentierung in drei Teilen, im Auftrag der Heidelberger Akademie der Wissenschaften bearbeitet und herausgegeben von Carsten Colpe und Jens Holzhausen, *Teil 1. Die griechischen Traktate und der lateinische "Asclepius"*, Frommann-Holzboog 1997, S. 211 f.
Stavish zitiert aus: Salaman, van Oyen, Wharton und Mahé, *The Way of Hermes*, S. 76-77.

Einführung

2 *Das Buch Henoch*, Kapitel 7, https://homepage.ruhr-uni-bochum.de/michael.luetge/Himmelsr.html (Stavish zitiert aus: *The Book of Enoch*, chapter 7, Sacred Texts Website www.sacred-texts.com/bib/boe/boe010.htm).

3 *Das Buch Henoch*, Kapitel 8, https://homepage.ruhr-uni-bochum.de/michael.luetge/Himmelsr.html (Stavish zitiert aus: *The Book of Enoch*, chapter 7, Sacred Texts Website www.sacred-texts.com/bib/boe/boe011.htm).

4 Sadhu, *The Tarot*, S. 24.

5 Godwin, *The Golden Thread*, S. 47-54.

6 Godwin, *The Golden Thread*, S. 49-50.

7 Godwin, *The Golden Thread*, S. 53.

8 „Tabula Smaragdina Hermetis", Übersetzung von Hans-Dieter Leuenberger in *Das ist Esoterik*, Bauer 1999, S. 64f (siehe auch https://web.archive.org/web/20130601161845/http://www.illuminati.ch/illubb/fpost377.html); Stavish zitiert aus „The Emerald Tablet of Hermes", Sacred Texts Website: www.sacred-texts.com/alc/emerald.htm.

9 Dubuis, *Fundamentals of Esotericism*, S. 8.

Tibetischer Buddhismus und der Egregor

10 David-Nèel, *Heilige und Hexer: Glaube und Aberglaube im Lande des Lamaismus* (neuer Titel: *Magier und Heilige in Tibet*), S. 101-102 (Stavish zitiert aus *Magic and Mystery in Tibet*, S. 115. Die deutsche Übersetzung weicht von der englischen ab. Deshalb wurde der deutsche Text für dieses Zitat an die englische Übersetzung angeglichen. Im französischen Original heißt es: „Ce qui est dit de la façon dont un bouddha peut produire des formes magiques, s'applique à n'importe quel autre être humain, divin ou démoniaque. Il n'existe qu'une différence dans le degré de pouvoir et ce dernier dépend uniquement de la force de concentration d'esprit et de la « qualité » de l'esprit lui-même. David-Néel, *Mystiques et Magiciens du Tibet*, Editions Plons 1929 und 2011, S. 171, gpsdf.org/sprituel%20doc/Alexandra%20David%20Neel%20%20Mystiques%20et%20magiciens%20du%20Tibet.pdf, Anm. d. Ü.)

11 David-Néel, *Heilige und Hexer: Glaube und Aberglaube im Lande des Lamaismus* (neuer Titel: *Magier und Heilige in Tibet*), S. 248 (Stavish zitiert aus *Magic and Mystery in Tibet*, S. 283. Die deutsche Übersetzung weicht von der englischen ab. Deshalb wurde der deutsche Text für dieses Zitat an die englische Übersetzung angeglichen. Im französischen Original heißt es: „Une fois bien formé, ce fantôme tend, disent les occultistes tibétains, à se libérer de la tutelle du magicien. Il arrive qu'il devienne un fils rebelle et l'on raconte que des luttes, dont l'issue est parfois tragique pour le sorcier, s'engagent entre lui et sa créature." David-Néel, *Mystiques et Magiciens du Tibet*, Editions Plons 1929 und 2011, S. 428.

12 David-Nèel, *Heilige und Hexer: Glaube und Aberglaube im Lande des Lamaismus* (neuer Titel: *Magier und Heilige in Tibet*), S. 249 (Stavish zitiert aus *Magic and Mystery in Tibet*, S. 331. Die deutsche Übersetzung weicht von der englischen ab und wurde hier übernommen. Im französischen Original lautet die Stelle: „Que j'aie réussi à m'halluciner

volontairement n'a rien de surprenant. La chose intéressante dans ces cas de « matérialisation » est que d'autres voient la forme créée par la pensée." David-Néel, *Mystiques et Magiciens du Tibet*, Editions Plons 1929 und 2011, S. 430.

13 David-Néel, *Die Geheimlehren des tibetischen Buddhismus*, Fußnote 68 auf S. 91 und S. 98-99 (Stavish zitiert aus *The Secret Oral Teachings in the Tibetan Buddhist Sects*, Fußnote 14 auf Seite 105; S. 114-115).

14 David-Nèel, *Heilige und Hexer: Glaube und Aberglaube im Lande des Lamaismus* (neuer Titel: *Magier und Heilige in Tibet*), S. 113-114 (Stavish zitiert aus *Magic and Mystery in Tibet*, S. 147-148).

15 David-Néel, *Der Weg zur Erleuchtung: Die verborgenen Lehren des tibetischen Buddhismus*, S. 90-96 (Stavish zitiert aus *Initiations and Initiates in Tibet*, S. 91-97).

16 Hilton, *The Search for the Panchen Lama*, S. 297-298; deutsch: *Die Suche nach dem Panchen Lama*.

17 Hilton, *The Search for the Panchen Lama*, S. 298; deutsch: *Die Suche nach dem Panchen Lama*.

18 Guenther, *Wholeness Lost and Wholeness Regained*, S. 146.

Der Hermetic Order of the Golden Dawn und verwandte Egregoren

19 Zalewski, *Secret Inner Order Rituals of the Golden Dawn*, S. 138-139.

20 Zalewski, *Secret Inner Order Rituals of the Golden Dawn*, S. 138-139.

21 Zalewski, *Secret Inner Order Rituals of the Golden Dawn*, S. 138-139.

22 Zalewski, *Secret Inner Order Rituals of the Golden Dawn*, S. 138-139.

23 Butler, „The Egregore of a School".

24 Butler, „The Egregore of a School".

25 Butler, „The Egregore of a School".

26 Butler, „The Egregore of a School".

Die Moderne und das Wiederaufleben des Okkultismus in Frankreich

27 Antoine Faivre, Empfehlung auf dem Rücktitel von *Die großen Arcana des Tarot: Meditationen*.

28 „Hans Urs von Balthasar", Wikipedia-Eintrag, zuletzt bearbeitet am 22. April 2020: https://de.wikipedia.org/wiki/Hans_Urs_von_Balthasar (Stavish zitiert aus dem gleichlautenden Eintrag in der englischsprachigen Wikipedia).

29 Sadhu, *The Tarot*, S. 28.
30 Sadhu, *The Tarot*, S. 250.
31 Sadhu, *The Tarot*, S. 50.
32 Sadhu, *The Tarot*, S. 326.
33 Mehr darüber finden Sie in Mark Stavish, *Child of the Sun: Psychic and Physical Rejuvenation in Alchemy and Qabala*, IHS Study Guide, Band 3.
34 Sadhu, *The Tarot*, S. 232.
35 Sadhu, *The Tarot*, S. 238.
36 Sadhu, *The Tarot*, S. 380.
37 Sadhu, *The Tarot*, S. 389.
38 Tomberg, *Die großen Arcana des Tarot: Meditationen*, S. 440 (Stavish zitiert aus *Meditations on the Tarot*, S. 402).
39 Tomberg, *Die großen Arcana des Tarot: Meditationen*, S. 441-442 (Stavish zitiert aus *Meditations on the Tarot*, S. 403).
40 Masters, *Swimming Where Madmen Drown*, S. 155.
41 Masters, *Swimming Where Madmen Drown*, S. 155.
42 Masters, *Swimming Where Madmen Drown*, S. 155.
43 Wasserman, *In the Center of Fire*, S. 128-129.
44 Tomberg, *Die großen Arcana des Tarot: Meditationen*, S. 446 (Stavish zitiert aus *Meditations on the Tarot*, S. 407).
45 Tomberg, *Die großen Arcana des Tarot: Meditationen*, S. 448 (Stavish zitiert aus *Meditations on the Tarot*, S. 408).
46 Tomberg, *Die großen Arcana des Tarot: Meditationen*, S. 460 (Stavish zitiert aus *Meditations on the Tarot*, S. 419-420).
47 Tomberg, *Die großen Arcana des Tarot: Meditationen*, S. 448-449 (Stavish zitiert aus *Meditations on the Tarot*, S. 409).
48 Tomberg, *Die großen Arcana des Tarot: Meditationen*, S. 460 (Stavish zitiert aus *Meditations on the Tarot*, S. 419).
49 Tomberg, *Die großen Arcana des Tarot: Meditationen*, S. 449-450 (Stavish zitiert aus *Meditations on the Tarot*, S. 409-410).
50 Tomberg, *Die großen Arcana des Tarot: Meditationen*, S. 466 (Stavish zitiert aus *Meditations on the Tarot*, S. 424).
51 Tomberg, *Die großen Arcana des Tarot: Meditationen*, S. 467 (Stavish zitiert aus *Meditations on the Tarot*, S. 425).
52 Godwin, *Atlantis and the Cycles of Time*, S. 184; deutsch: *Atlantis: Der Ursprung der Zivilisation*, S. 217.

53 Rhine, *The Reach of the Mind*, S. 20; deutsch: *Die Reichweite des menschlichen Geistes.*
54 McDonald, *What Well Known Scientists Say about Telepathy.*
55 McDonald, *What Well Known Scientists Say about Telepathy.*
56 Ambelain, *La Kabbala Pratique*, S. 175-176; Stavish zitiert aus: *Practical Kabbalah* (für die deutsche Übersetzung wurde der französische Originaltext herangezogen, Anm. d. Ü.)
57 Patrick Zalewski, persönlicher Schriftwechsel.
58 Sédir, *Aufbruch*, S. 240-242; Stavish zitiert aus: *Initiations*, S. 185-186.
59 Berman, *Coming to Our Senses*, S. 299.

Die Popkultur und ihre Egregoren

60 Wu und Eckstein, *Lighting the Eye of the Dragon*, S. 42.
61 Evola, *Revolte gegen die moderne Welt*, S. 417; Stavish zitiert aus: *Revolt Against the Modern World*, S. 364-366.
62 Evola, *Revolte gegen die moderne Welt*, S. 416-148; Stavish zitiert aus: *Revolt Against the Modern World*, S. 364-366.
63 Evola, *Revolte gegen die moderne Welt*, S. 419; Stavish zitiert aus: *Revolt Against the Modern World*, S. 364-366.
64 Evola, *Revolte gegen die moderne Welt*, S. 419; Stavish zitiert aus: *Revolt Against the Modern World*, S. 364-366.
65 Masters und Houston, *Mind Games*, S. 199; deutsch: *Phantasie-Reisen*, S. 228.
66 Masters und Houston, *Mind Games*, S. 200; deutsch: *Phantasie-Reisen*, S. 228.
67 Masters und Houston, *Mind Games*, S. 200; deutsch: *Phantasie-Reisen*, S. 229-230.
68 Masters und Houston, *Mind Games*, S. 203; deutsch: *Phantasie-Reisen*, S. 233.

Der Lovecraft-Kreis

69 Lovecraft, Brief an Farnsworth Wright vom 5. Juli 1927.
70 Moore, „Beyond Our Ken“, S. 156.
71 Moore, „Beyond Our Ken“, S. 155-162.
72 Moore, „Beyond Our Ken“, S. 156.
73 Grant, *Remembering Aleister Crowley*, S. 156.
74 Grant, *Against the Light*, S. 97-98; deutsch: *Gegen das Licht.*

75 Rusty Burke, „A Short Biography of Robert E. Howard", Website der Robert E. Howard Foundation https://rehfoundation.org/about/, zuletzt abgerufen am 29.7.2020.
76 Rusty Burke, „A Short Biography of Robert E. Howard", Website der Robert E. Howard Foundation https://rehfoundation.org/about/, zuletzt abgerufen am 29.7.2020.
77 Arthur Machen, *T.P.'s Weekly*, 27. November 1915.
78 Grant, *Outside the Circles of Time*, S. 232; deutsch: *Jenseits der Zeitkreise.*

Der Egregor des Alten und Mystischen Ordens vom Rosenkreuz (AMORC)

79 Lewis, *Pronunziamento.*
80 Ralph M. Lewis in Lewis, *Pronunziamento.*
81 Lewis, *Pronunziamento.*
82 Lewis, *Pronunziamento.*
83 Lewis, *Pronunziamento.*
84 Lewis, *Pronunziamento.*
85 Lewis, *Pronunziamento.*
86 Lewis, *Pronunziamento.*
87 Lewis, *Pronunziamento.*
88 *The Rosicrucian Digest*, September 1932, Rücktitel (ohne Seitenzahl).
89 *The Rosicrucian Digest*, September 1932, Rücktitel (ohne Seitenzahl).
90 Lewis, Bekanntmachung im *Rosicrucian Digest* vom Januar 1930.
91 Dean, *Liber 777*, S. 4.
92 Dean, *Liber 777*, S. 4.
93 Dean, *Liber 777*, S. 6.
94 Dean, *Liber 777*, S. 7.
95 Dean, *Liber 777*, S. 8.
96 *The Rosicrucian Digest*, Mai 1987.

Wie man sich vom Einfluss eines Egregors befreit

97 Tomberg, *Die großen Arcana des Tarot: Meditationen*, S. 462 (Stavish zitiert aus *Meditations on the Tarot*, S. 421).
98 Roche de Coppens, *The Nature and Use of Ritual*, S. 81.
99 Brief an Joseph Lisiewski in *Howlings from the Pit* 1 Nr. 2 (August 2007).

100 Sadhu, *The Tarot*, S. 420.

Anhang Zwei: Bericht über die Wiedererweckung eines Egregors

101 Auszug aus Ekatlos, „La ‚Grande Orma': La scena e le quinte.", *Krur*, XII (1929).

DANKSAGUNGEN

Dieses Buch wäre nicht möglich gewesen ohne die Inspiration und die Ermutigung durch verschiedene Menschen, die mich gedrängt haben, weiter über das Thema Egregore zu forschen und zu schreiben. Für ihre Unterstützung bei der Herstellung dieses Buches bin ich folgenden Personen zu Dank verpflichtet: Richard Steinberg (New York), Alfred DeStefano III (Virginia) und Professor Joscelyn Godwin (New York). Ich danke allen bei *Inner Tradition*, die daran mitgewirkt haben, dass dieses Buch in Druck gehen konnte. Etwaige Fehler sind allein meine.

Außerdem hätte dieses Buch nicht geschrieben werden können ohne die Unterstützung meiner Frau Andrea Nerozzi und unserer beider Söhne Luke und Nathaniel. Ihnen bin ich ewig dankbar.

VON FREMDEINFLÜSSEN FREI WERDEN

Zwischenwelten
Wie man sich vor negativen Energien schützen kann
Silvia Stolzmann
Paperback
ISBN 978-3-89427-814-4

Obwohl allmählich auch in breiteren Gesellschaftsschichten ein gewisses Umdenken hinsichtlich jenseitiger Welten eingesetzt hat, herrscht noch immer eine erschreckende Unkenntnis darüber, was unmittelbar nach dem Tod mit jenen geschieht, die ihre Körperhülle abgelegt haben.

Wer unerwartet oder völlig unwissend aus dieser Welt in eine andere eintritt, ist nicht selten sehr verwirrt, irrt gänzlich verunsichert umher und versucht, sich an jene anzuklammern, die er auf Erden gekannt hat. Auch seine alte Umgebung ist ihm natürlich noch vertraut. Hier versucht er zu verbleiben.

Die wenigsten derjenigen, die in dieser „Zwischenwelt" hängenbleiben, hegen böse Absichten. Sie sind einfach unsicher und ängstlich und klammern sich an ihre Hinterbliebenen, manchmal wie ein Ertrinkender an seinen Retter. Es liegt auf der Hand, dass ein solches Vorgehen für die Erdenwesen wenig erfreulich ist.

Silvia Stolzmann schildert zum einen die Wirklichkeit, die in diesen „Zwischenwelten" vorzufinden ist, zum anderen aber zeigt sie den Betroffenen Wege auf, um sich vor belastenden Einflüssen aus diesem Reich zu schützen.

Ein unverzichtbarer Ratgeber zum Selbstschutz; und zugleich ein hilfreicher Jenseitsführer für alle, die an ein Leben nach dem Tod glauben!

Besetzungen
Sich von Fremdeinflüssen befreien und wirksamen Schutz aufbauen
Silvia Stolzmann
Paperback
ISBN 978-3-89427-683-6

In allen Kulturen findet man das Wissen um Wesen, die sich in einer erdnahen Sphäre aufhalten und Menschen aus verschiedenen Gründen negativ beeinflussen. Manche, zumeist ehemalige Erdenbürger, haben noch nicht erkannt, dass sie verstorben sind. Sie bleiben ihrer alten Umgebung verhaftet und irren verwirrt umher. Andere wiederum, zumeist einstige Menschen, die einer Sucht erlegen waren, versuchen sich an die noch Lebenden anzuhängen, um auf irgendeine Weise eine Befriedigung ihrer Süchte zu erlangen. Neben diesen beiden häufig auftretenden Fällen gibt es allerdings noch jene extrem negativen und bösartigen Wesen, die aus ihrer dämonischen Einstellung heraus versuchen, auf der Erde größtmöglichen Schaden anzurichten. Silvia Stolzmann arbeitet seit Jahren in ihrer Praxis daran, ihre Klienten von diesen negativen Kräften zu befreien und sie selbst oder ihre Umwelt wieder mit einer heilsamen Atmosphäre zu umgeben. Sie schildert in diesem Buch ihre Arbeit, beschreibt die einzelnen Wesen und ihre Möglichkeiten zur Einflussnahme und zeigt Wege auf, wie man sich von einer solchen Beeinflussung zu befreien beziehungsweise grundsätzlich zu schützen vermag. Ein aufrüttelnder Ratgeber, der deutlich macht, dass es auch eine „dunkle Seite des Lebens" gibt!